# CLEO ROCOS

## Der gepflegte Rausch

**STILVOLL TRINKEN
OHNE REUE**

Herausgegeben von Sharon Marshall

Aus dem Englischen
von Christoph und Karola Bausum

Rowohlt Taschenbuch Verlag

Die Originalausgabe erschien 2013 unter dem Titel
«The Power of Positive Drinking» bei Square Peg Random House,
20 Vauxhall Bridge Road, London SW1V 2SA.

2. Auflage September 2015

Deutsche Erstausgabe

Veröffentlicht im Rowohlt Taschenbuch Verlag,
Reinbek bei Hamburg, April 2015
Copyright © 2015 by Rowohlt Verlag GmbH,
Reinbek bei Hamburg
«The Power of Positive Drinking» Copyright © 2013 by Cleo Rocos
Redaktion Tobias Schumacher-Hernández
Einbandgestaltung ZERO Werbeagentur, München
Titelillustration FinePic, München
Satz aus der Foundry Wilson, InDesign,
bei Dörlemann Satz, Lemförde
Druck und Bindung CPI books GmbH, Leck, Germany
ISBN 978 3 499 61369 2

# Widmung

Für meine großartige Familie, mit der ich hemmungslos lachen kann und die ich absolut liebe. Und für meine fabelhaften Freunde. All diese Menschen sind die glanzvollen Stars der glücklichsten Highlights meines Lebens.

Für dieses Buch habe ich keine Mühen gescheut, mich gelegentlich sogar ins wildeste Getümmel gestürzt, um das Rätsel zu lösen, wie man Partys und Cocktails in vollen Zügen genießen kann, ohne hinterher einen Kater zu bekommen. Es hat Jahre gedauert, doch nun, meine Freunde, ist es mir eine Ehre, Ihnen den Schlüssel zum *Stilvollen Trinken ohne Reue* zu verraten ... Lassen Sie uns also unser Glas darauf erheben, den Cocktail des Lebens zu genießen und sich am nächsten Tag fabelhaft zu fühlen. Jeder großartige Moment und jede fabelhafte Feier verdienen es, dass man sich mit einem klaren Kopf an sie erinnert.

*«Es ist immer zu früh aufzugeben.»*
Norman Vincent Peale, Autor von *Die Kraft positiven Denkens*

*«Ganz ehrlich, ich bin absolut deiner
Meinung, Norman. Ich lechze schon seit heute Mittag
nach einem ordentlichen Drink.»*

Cleo Rocos, Autorin von *Der gepflegte Rausch*

*Empfohlene Höchstgrenzen der
britischen Regierung für den Alkoholgenuss
von Erwachsenen:*

*Männer: 3–4 Einheiten pro Tag
Frauen: 2–3 Einheiten pro Tag*\*

So, damit haben wir den rechtlichen Kram abgehakt. Und das ist das einzige Mal, dass in diesem Buch von «Einheiten» die Rede sein wird. Ich persönlich finde diese Dinge ausgesprochen verwirrend, schließlich beschränkt sich meine Vorstellung von «Einheiten» auf die Module, aus denen sich Einbauküchen zusammensetzen. Und selbst ich würde eine Wirkung spüren, wenn ich mehr als zwei davon zum Mittagessen leertrinken würde.

In diesem Buch geht es um Mixologie, nicht um Biologie, deshalb werde ich nicht jedes Rezept mit strengen Worten über die Auswirkungen beschließen, die es auf die Leber hat. Wenn Sie jemals den Eindruck haben, dass Sie es mit dem Feiern vielleicht etwas übertreiben, lesen Sie im «Präha»-Kapitel, wie man seinen Alkoholkonsum zurückfährt oder ganz alkoholfrei lebt. Außerdem gibt es ausgezeichnete Webseiten über den maßvollen Genuss von Alkohol (in Deutschland zum Beispiel www.massvoll-geniessen.de).

---

\* In Großbritannien wird mit Einheiten (*units*) gerechnet, die 1 cl (rund 8 Gramm) reinem Alkohol entsprechen (Anm. d. Übers.).

# Inhalt

*Aperitif*
Die zwölf Schritte auf die flüssige Seite des Lebens 11

*Lektion eins*
Die Grundausstattung der Hausbar 17

*Lektion zwei*
Cocktails, die nicht dick machen 28

*Lektion drei*
Warum nicht Wodka? 38

*Lektion vier*
Wie man zum Champagner-König wird 56

*Lektion fünf*
Wein ist kein Grund zum Weinen 86

*Lektion sechs*
Das Tolle an Tequila 106

*Lektion sieben*
Mit Gin und Verstand 118

*Lektion acht*
Weisheiten über Whisky 147

*Lektion neun*
15 Mann auf des toten Mannes Kiste: Rum 163

*Lektion zehn*
Blue Curaçao, gnädige Frau? 181

*Lektion elf*
Partyplanung ohne Pannen 182

*Lektion zwölf*
Wie man im Flugzeug frisch bleibt 192

*Lektion zwölf a*
Schokolade ohne Reue 219


*Präha* 228

*Digestif* 237

*Das Nachspiel* 245

*Über die Autorin* 251

*Danksagungen* 254

*Aperitif*

# Die zwölf Schritte auf die flüssige Seite des Lebens

Dies ist kein Selbsthilfe-Buch. Eher eines über Selbstbedienung. Allerdings ist mir aufgefallen, dass viele Ratgeber-Autoren gerne die spirituelle Seite des Lebens betrachten und ein kleines Gebet oder Mantra voranstellen. Da will ich natürlich nicht zurückstehen: *Möge Gott mir die Weisheit schenken, den Unterschied zwischen guten und schlechten Drinks zu erkennen.*

Damit ist der Sinn und Zweck dieses Buches auf den Punkt gebracht. Ich will, dass Sie in der Lage sind, mit maximalem Vergnügen und minimalem körperlichem Schaden zu trinken. Niemand hat Lust auf einen dieser furchtbaren Kater, bei denen man aufwacht und sich fühlt wie ein glasierter Donut – innen pampig, und außen blättern Stücke ab.

Mit diesem Mantra des stilvollen Trinkens im Sinn wenden wir uns nun meinen zwölf spirituellen Lektionen über Spirituosen und andere Getränke zu. Die zwölf Schritte, die Sie sicher durch die flüssige Seite des Lebens geleitet werden.

Auf dem Weg werde ich jede Menge Rezepte und auch manchen Tipp zur Fleckenentfernung einfließen lassen. Sind Sie bereit? Los geht's. Mein Gott, ich könnte jetzt einen Drink vertragen.

## *In Notfällen*

Schauen Sie auf die Uhr, öffnen Sie die Flasche, bleiben Sie ruhig und nehmen Sie einen Drink

Bevor wir richtig anfangen, müssen wir zunächst etwas ganz Wichtiges klarstellen. Wann genau ist es eigentlich o.k., mit dem Trinken anzufangen? Es gibt natürlich die Faustregel:

*Du sollst nicht vor dem Mittag trinken.*

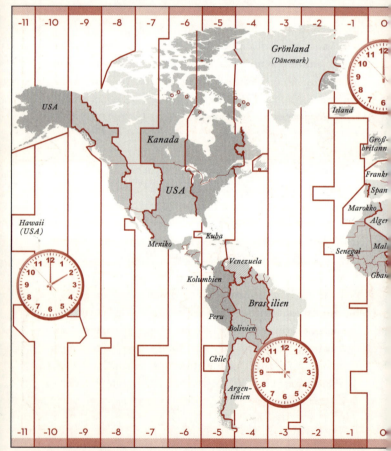

▶ *In Richtung Osten über die Datumsgrenze: subtrahiere 24 Stunden*

Oder für Seeleute: Erst wenn die Sonne über der Rah steht. Und so weiter.

Zum Glück ist es immer irgendwo auf der Welt Mittag.

In Notfällen oder wenn Ihr innerer Kompass verrücktspielt, gibt es eine ganz einfache Möglichkeit sicherzugehen, dass Sie noch auf der richtigen Seite des Großsegels stehen: Werfen Sie einen Blick auf diese Weltkarte, die alle Zeitzonen zeigt. Schauen Sie einfach auf die Karte. Merken Sie was? Irgendwo auf der Welt ist es schon Mittag. Irgendwo auf

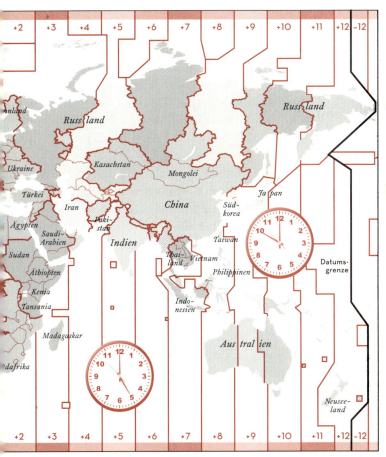

*In Richtung Westen über die Datumsgrenze:* **addiere 24 Stunden** ◀

hoher See gibt es ein Schiff, dessen Rahen bereits Schatten werfen, also holen Sie sich einfach ein Glas und heben Sie einen.

## *Trinken ist nicht nur etwas für Feiertage. Trinken ist etwas fürs Leben*

Dies ist keine Anleitung, wie man sich betrinkt. Es ist eine Anleitung, stilvoll zu trinken.

Es ist ein Meisterkurs in Sachen Trinken und Vergnügtsein: die Tricks zur Kater-Vermeidung, die Rezepte, die Sie mit flüssigem Sonnenschein erfüllen werden und die wissenschaftliche Beantwortung der Frage, was man ins Glas gießen muss, um sicherzustellen, dass uneingeschränktes Vergnügen die Folge ist.

Wer will schon am nächsten Tag mit dem Gefühl aufwachen, seinen Kopf in einen zu kleinen Schuh gezwängt zu haben?

Ich möchte Ihnen beibringen, wie man erfolgreich trinkt. Wie man jenen delikaten Grad des Berauschtseins erreicht, bei dem Sie selbst und Ihre Mittrinker zur Idealversion Ihrer selbst werden und es auch bleiben. Wie Sie sicherstellen, dass jeder feuchtfröhliche Anlass sich zu einem fabelhaften und triumphalen Event entwickelt.

In dieses Buch habe ich die Quintessenz – sozusagen den reinen Geist – des Alkohols destilliert. Die besten Tipps und Tricks für stilbewusstes Trinken, die ich mir bei einem vergnügten Grüppchen famoser Menschen auf der ganzen Welt abgeschaut habe. Dazu gibt es Rezepte für die besten Drinks der Welt, darunter auch ein paar meiner eigenen Kreationen – die garantieren, dass es ein toller Abend wird –, und eine Menge über die richtige Einstellung zum stilvollen Trinken.

All das wird gemixt, geschüttelt und gerührt mit einer Reihe von Anekdoten über witzige Erlebnisse und lustige Schlamassel an allen möglichen und unmöglichen Orten.

## Ein Wort an die ewigen Neinsager – oder diejenigen, die zumindest nein zum Alkohol sagen

Das Trinken von Alkohol hat bei manchen Leuten einen schlechten Ruf. Dazu möchte ich klarstellen, dass weder der Alkohol noch das Trinken das Problem ist. Nein, das schlechte Image des Trinkens rührt schlicht und einfach von den vielen Menschen her, die es nicht richtig machen. Ein Drink von guter Qualität kann Leute unterschiedlichster Herkunft und Mentalität zusammenbringen und einen entspannenden und aufmunternden Effekt haben. Wer gut und erfolgreich trinkt, kann den Stress eines harten Tages hinter sich lassen.

Einige der größten Werke der Musik und Malerei, viele Ideen und fruchtbare Verbindungen entstanden, während jemand an etwas Alkoholischem nippte. Kriege wurden gewonnen, Klassiker geschrieben, Liebe erblühte, und lebenslange Freundschaften wurden geschmiedet. Viele von uns gäbe es gar nicht, hätten nicht unsere Eltern ein paar Cocktails oder eine Flasche Champagner zu sich genommen, um die Stimmung aufzulockern.

Wenn man auf eine gute Weise trinkt, dann ist Alkohol schlichtweg etwas Überirdisches, ein wunderbarer Genuss für die Sinne. Er hebt die Stimmung, lässt die Seele schweben und erleichtert das Leben. Jedermann sieht besser aus, jeder wirkt amüsanter. Das Leben ist von Lachen erfüllt. Die Welt ist definitiv ein besserer Ort. Was um Himmels willen kann daran falsch sein?

Auch Prominente trinken gerne ein Glas oder zwei, und es tut ihnen gut. Ich habe mir mit Jack Nicholson einen Kopfstandwettbewerb geliefert, bin mit dem schwulen Komiker Alan Carr in Bordelle marschiert, habe Prinzessin Diana in Transvestitenbars geschmuggelt und mit Gore Vidal zu Musical-Hits die Beine geschwungen. All das war ein Riesenspaß, doch keine dieser vergnüglichen Aktionen hätte stattgefunden, wenn wir nicht einen Tropfen vom richtigen Stoff getankt hätten.

Ich sage bewusst der richtige Stoff, denn *das* ist der Schlüssel zum positiven Trinken. Wir sind heutzutage besessen davon, was wir essen – Bio-soundso, fünfmal am Tag dieses und jenes, aber wir wissen kaum etwas über das, was wir trinken, geschweige denn machen wir uns Gedanken darüber. Doch wer schlecht trinkt, bekommt Alkohol voller Chemikalien, Konservierungsstoffe und Zucker, was wilde Stimmungsschwankungen, Gewichtszunahme und einen furchtbaren Kater nach sich ziehen kann.

Wenn Sie auf die gute Weise trinken, dann verspreche ich Ihnen, dass Sie all das hinter sich lassen können.

*Das Trinken von Alkohol sollte eine glamouröse und*
*stilvolle Angelegenheit sein. Ich verrate Ihnen nun*
*die Grundregeln, die Ihnen den Weg in die exquisite Welt*
*der inneren Erleuchtung eröffnen.*

*Lektion eins*

# Die Grundausstattung der Hausbar

Es ist nicht nötig, viel Geld in teures Equipment zu stecken; so etwas braucht man nicht, um die einfachen Rezepte in diesem Buch auszuprobieren.

Der einzige Bereich, bei dem ich empfehlen würde, ein wenig Geld auszugeben, sind die Gläser. Alkohol schmeckt viel, viel teurer, wenn er in einem schönen Glas serviert wird, und unterschiedliche Getränke haben unterschiedliche Eigenschaften, deshalb macht es tatsächlich einen Unterschied, wenn man sie in einem Glas serviert, in dem sie sich perfekt entfalten können.

Geben Sie Ihren Freunden entsprechende Geschenktipps: ein hübsches Set großer Rotweingläser, die einem guten Wein den nötigen Raum geben; ein Satz Kristallflöten, die Ihren Champagner länger perlen lassen; ein schönes Set Martinigläser, die sich mit einer Olive oder Zitronenscheibe verzieren lassen.

Ein schönes Glas ist wie ein schickes Abendkleid für Ihren Drink. Mit einem Schlag sieht er viel besser aus und schmeckt irgendwie besonders. Wenn Sie eine Party planen, erkundigen Sie sich bei Ihrem Spirituosenhändler, ob er auch Gläser verleiht. In Großbritannien bietet zum Beispiel die Kette Majestic Wine einen kostenlosen Gläserservice an und berechnet lediglich ein Pfund für jedes zerbrochene Glas.

Wo wir gerade von Glasbruch sprechen: Machen Sie sich keine Gedanken, wenn ein Glas kaputt geht, Sie keine vollständigen Sets haben oder die Gläser nicht zusammenpassen. Heutzutage gilt es als der letzte Schrei, Drinks in unterschiedlichen Gläsern zu servieren. Wenn Sie regelmäßig Partys feiern, dann lässt es sich nicht vermeiden, dass es ab und zu Scherben gibt – und jedes fehlende Glas erzählt die Geschichte eines heldenhaften Trinkgefäßes, das wie ein Kamikazepilot mit Freuden sein Leben hingab, um einen ganz besonderen Partymoment zu schaffen. Und mit unterschiedlichen Gläsern hat man obendrein die Möglichkeit, die Dosierung unauffällig zu steuern: Man stellt einfach das größte Trinkgefäß vor den Gast, dessen Erfrischungsbedarf noch am höchsten zu sein scheint, während man gleichzeitig mit einem kleineren Glas bei einem anderen die Zufuhr drosselt, dessen Enthusiasmus in kritische Bereiche vorzustoßen droht.

Und heben Sie sich niemals etwas für «besondere Anlässe» auf. Nehmen Sie immer das Beste. Jeder Anlass zum Trinken sollte ein besonderer Anlass sein. Ich persönlich halte es so, dass ich wann immer möglich eine klare Trennlinie zwischen Arbeit und Feierabend ziehe und zum Beispiel gerne Diamantohrringe anlege, bevor ich es mir am Ende des Tages mit einem exquisiten Cocktail in einem exquisiten Glas bequem mache. Ein Drink ist etwas, das man sich gönnt, eine wunderbare Wohltat. Er sollte ansprechend präsentiert und respektiert werden.

Aber eigentlich ist das auch schon alles, was Sie an Ausstattung brauchen. Ein richtiger Jigger – auch Barmaß genannt – ist von unschätzbarem Wert, aber keine Panik, wenn

Sie keinen besitzen. Zum Mixen und Mischen kann man in wunderschöne Cocktail-Shaker investieren, wenn man das möchte, aber auch das ist nicht wirklich nötig. Ich will Ihnen erklären, wie es geht, im ersten Abschnitt meiner *Frequently Asked Questions.*

## What the FAQ?

Ich habe versucht, im Verlauf dieses Buches all die Fragen zu beantworten, die mir am häufigsten gestellt werden, wenn ich andere in der Kunst des Alkohols unterweise: meine eigenen FAQ.

Für die Rezepte in diesem Buch werden Mengenangaben in Centilitern gegeben, abgekürzt zu cl. Für diejenigen unter uns, die mit den traditionellen englischen Hohlmaßen aufgewachsen sind: 2,5 cl entsprechen einer Flüssigunze (fl oz). Das mag alles sehr wissenschaftlich klingen, aber:

*Keine Panik!*

**FAQ:** Ich besitze weder Messbecher noch Cocktailshaker – brauche ich das alles für die Rezepte hier?

Nein, es ist ganz einfach. Alle Rezepte in diesem Buch basieren auf dem einfachen Shot von 2,5 cl. Wenn Sie mögen, können Sie in einen Jigger investieren, um Ihre Shots abzumessen. Ein solches Barmaß kostet im Supermarkt vielleicht zwei oder drei Euro und ist eine immense Erleichterung.

Oder Sie benutzen zum Abmessen ein Shot-Glas. Auf der nächsten Seite sehen Sie eine Abbildung in Originalgröße. Ein volles Glas fasst 5 cl oder einen Double Shot, ein halbvolles 2,5 cl oder einen Single Shot.

Wenn Sie weder einen Jigger noch ein Shot-Glas zur Hand haben, kein Problem.

*Werfen Sie einmal einen Blick in Ihre Hausapotheke.*

Suchen Sie nach der alten Flasche Hustensaft oder Wick Medi-Nait. Diesen liegt eine Dosierungskappe bei, auf der praktischerweise 2,5 cl markiert ist.

Was Cocktailmixer angeht, ist es nicht nötig, Hunderte Euro für teure silberne Shaker auszugeben – andererseits spricht aber natürlich auch nichts dagegen, wenn Ihnen danach zumute ist. Schauen Sie sich bei eBay um, dort kann man oft preisgünstige Schnäppchen ergattern. Allerdings habe ich für Partys auch schon Profi-Barmixer engagiert, die alte Marmeladengläser, Kaffeegläser oder Tupperware mit Deckeln benutzten, um darin ihre Kreationen zu mixen – das funktioniert genauso gut.

*Ein Tipp:* Wenn ich eine große Menge Drinks für eine Party machen muss, gehe ich in ein Haushaltswarengeschäft und kaufe einen dieser Ketchup-Spender aus Plastik, wie man sie in Sportsbars findet – die kosten nur ein paar Euro, sehen originell aus und sind perfekte Shaker.

## *Eis*

Ein Gegenstand, der tatsächlich unverzichtbar ist, ist Ihre Eiswürfelschale.

Es hat absolut keinen Zweck, jede Menge Zeit und Geld auf die Komposition exquisiter Cocktails zu verwenden, die frei sind von Additiven, Süßstoffen oder Färbemitteln, ausgewogen und voll im Geschmack, nur um dann das Ganze mit Eis zu verderben, das voller Chlor, Fluoriden und anderen Chemikalien ist, die sich im Leitungswasser finden. So etwas beeinträchtigt den Geschmack.

Aber keine Sorge, es wird Sie kein Vermögen kosten, qualitativ hochwertiges Eis herzustellen. Befolgen Sie einfach diese Regeln:

*Benutzen Sie NIEMALS Leitungswasser.* Nehmen Sie gefiltertes oder stilles Wasser aus der Flasche, um kristallklare Eiswürfel zu bekommen, die den Geschmack Ihres Drinks nicht negativ beeinflussen. Wenn die Eiswürfel trüb sind, ist Ihr Wasser nicht rein.

*NIEMALS sollten Sie alte Eiswürfel nehmen,* die schon eine Weile in Ihrem Eisfach lagern. Wenn die Schale keinen Deckel hat, finden all die unschönen Gerüche ihren Weg hinein und geben dem Eis einen muffigen Geschmack. Erneuern Sie das Eis mindestens einmal pro Monat.

*Klotzen, nicht kleckern:* Je größer der Eiswürfel ist, desto langsamer schmilzt er. Wenn Sie Ihren Drink nicht mit Wasser verlängern, sondern einfach nur kühlen wollen, dann benutzen Sie große Eiswürfel. Kaufen Sie die größten Eiswürfel-Schalen, die Sie finden können, füllen Sie sie mit Flaschenwasser und ab damit ins Eisfach. Wenn Sie eine große Party vorbereiten, finden Sie online eine Menge Firmen, die Ihnen für wenig Geld riesige Eiswürfel oder Eiskugeln nach Hause liefern.

Wenn ein Rezept nach *Crushed Ice* verlangt, dann muss man sich dafür keine teure Eismaschine zulegen: Nehmen Sie einfach die Eiswürfel, geben Sie sie in eine Plastiktüte oder wickeln Sie sie in ein sauberes Geschirrtuch und benutzen Sie ein Nudelholz, um sie klein zu schlagen.

Und das ist tatsächlich alles, was Sie brauchen.

Nun haben wir unsere Ausrüstung beisammen, da ist es an der Zeit, dass wir mit dem Trinken loslegen. Hat jemand Lust auf einen Cocktail?

## *Der Heilige Gral*

(Der Kodex des Trinkens)

*«Mag sein, dass Alkohol die Straße ins Nirgendwo ist, aber wenigstens ist es die Panoramaroute.»*
Bartender.com

*«Lassen Sie uns zusammen eine Tour durch Ihre Hausbar machen, die garantiert NICHT mit Reisekrankheit endet.»*
Cleo Rocos

Ich will hier einmal den Mund ziemlich voll nehmen, indem ich Ihnen den Heiligen Gral des Trinkens verspreche: Sie werden von den Cocktailrezepten in diesem Buch keinen Kater bekommen, vorausgesetzt, dass Sie sich genau an die Rezepte und Regeln halten. Ja, Sie haben richtig gelesen.

*Wer diese göttlichen Cocktails trinkt,
kann feiern ohne Kater.*

Es liegt bei Ihnen: Sie können direkt zu den Rezepten blättern und loslegen oder weiterlesen und ein wenig Wissenschaft betreiben.

### Ein bisschen Biologie

Alkohol ist die beliebteste Freizeitdroge der Welt, und ich bin, wie die folgenden Seiten hinreichend deutlich machen werden, absolut dafür, dass man qualitativ hochwertige Produkte mit Genuss zu sich nimmt und dass man eine Vorstellung davon hat, was und wie man trinken sollte. Um aber zu verstehen, warum Alkohol die Birne benebeln kann, wollen wir uns einmal anschauen, was er im Körper anstellt.

Der Alkohol in unseren Getränken ist das Resultat eines Gärungsprozesses von Zucker unter Zuhilfenahme von Hefe. Dabei entsteht eine organische Verbindung, die Ethanol heißt.

Wenn Sie es sich mit einem Glas Ethanol gemütlich machen und ab und zu einen Schluck nehmen, dann wird es über die Magenschleimhaut aufgenommen, gelangt in den Blutkreislauf und strömt durch den Körper, wo es sich auf verschiedene Organe auswirkt.

Bei Gehirn und Zentralnervensystem stellt sich der angenehme Effekt ein, dass wir vergnügt, kontaktfreudig, euphorisch und selbstbewusster werden. Alle Mitmenschen wirken fabelhaft, die Gedanken werden entkrampft, alle

Kanten geglättet, und der Kopf füllt sich mit warmen und freudigen Gefühlen. Die Blutgefäße weiten sich und lassen die Körpertemperatur ansteigen. Das wunderbare Ergebnis ist ein warmes, erfüllendes Gefühl mit jedem Glas.

Das ist die gute Nachricht. Aber das Herumwirbeln des Alkohols in unserem Körper kann auch andere, weniger positive Folgen haben. Pumpt man zu viel Alkohol hinein, hat man plötzlich Schwierigkeiten, geradeaus zu gehen, weil sich Gewebe und Flüssigkeiten im Ohr so verändern, dass der Gleichgewichtssinn nicht mehr funktioniert.

Alkohol beeinträchtigt die Funktion der Nieren. Mit jedem Glas lässt ihre Fähigkeit nach, Wasser zu speichern und zu recyceln, was zu Dehydrierung führt. Und wenn die Leber beginnt, den Alkohol zu verarbeiten, können Übelkeit und Kopfschmerzen einsetzen. Die Leber baut den Alkohol mit Hilfe eines Enzyms ab, das Alkoholdehydrogenase (ADH) heißt, und im ersten Schritt dieses Abbauprozesses verwandelt sich der Alkohol in eine unangenehme Chemikalie namens Acetaldehyd. Wenn diese in Ihnen herumschwappt, löst sie Kopfschmerzen und Übelkeit aus, bis der Körper sie so weit abgebaut hat, dass er sie ausscheiden kann. Das ist dann ein Kater. Doch Sie müssen die Qualen dieser unschönen Stadien nicht durchleiden. *Ein sich drehender Raum und ein Kater wollen Sie daran erinnern, dass Sie dieses Buch nicht richtig gelesen haben.*

Ich werde oft gefragt, wie viel zu viel ist. Das ist von Mensch zu Mensch unterschiedlich. Katerresistenz ist zu einem großen Teil biologisch determiniert. Männer zum Beispiel haben mehr von diesem ADH-Enzym als Frauen, darum können sie Alkohol schneller abbauen und sind «trinkfester». Bei einigen Asiaten ist das Enzym mutiert, was zur Folge hat, dass sie sehr schnell betrunken werden, weil sie den Alkohol nicht verarbeiten können. Als Orientierungshilfe hat mir der elegante Wissenschaftsautor und Chemiker John Emsley dieses unentbehrliche Trink-Barometer zur Verfügung gestellt, das den Effekt des Alkohols auf den durchschnittlichen Mann zeigt. Es ist seinem preisgekrönten Buch *Chemie im Alltag* entnommen, das die Auswirkungen verschiedenster Chemikalien auf den menschlichen Körper wissenschaftlich erklärt.

| Die Auswirkungen von Alkohol | | | | | |
|---|---|---|---|---|---|
| Einheiten | Anzahl von Drinks | | | Alkoholspiegel im Blut (mg pro 100 ml) | Auswirkungen auf den durchschnittlichen Mann[1] |
| | Bier | Wein | Spirituosen | | |
| 2 | 1 Pint[2] | 2 Gläser | 2 Schnapsgläser | 30 | Wohlgefühl |
| 3 | 1,5 Pints | 3 Gläser | 3 Schnapsgläser | 50 | Enthemmung |
| 5 | 2,5 Pints | 5 Gläser | 5 Schnapsgläser | 80 | Fahruntüchtigkeit |
| 6 | 3 Pints | 1 Flasche[3] | 6 Schnapsgläser | 100 | unsicher auf den Beinen |
| 10 | 5 Pints | 1 Liter | 10 Schnapsgläser | 150 | verwaschene Sprache |
| 12 | 6 Pints | 2 Flaschen | ½ Flasche[4] | 200 | benommen und verwirrt |
| 18 | 9 Pints | 3 Flaschen | ¾ Flasche | 300 | Vollrausch |
| 24 | 12 Pints | 4 Flaschen | 1 Flasche | 400 | «Alkoholleiche», Lebensgefahr |

[1] Bei einer Frau stellt sich der jeweils gleiche Effekt schon bei etwa zwei Dritteln der Alkoholmenge ein, die ein Mann benötigt (bei gleichem Gewicht).
[2] Ein Pint entspricht 0,568 Liter (Anm. d. Übers.).
[3] Weine werden traditionell in 0,7-Liter-Flaschen verkauft.
[4] Spirituosen werden oft in 0,7-Liter-Flaschen verkauft, und das ist hier auch gemeint, nicht die 1-Liter-Flaschen, die man heute häufiger findet.

Doch es ist nicht nur die Menge, auf die Sie achten müssen. Andere Dinge können einen Kater verschlimmern: Additive, die skrupellose Hersteller mit in die Flaschen füllen – Zutaten, die vollkommen legal sind, gegen die man aber allergisch ein kann. Und obendrein noch all das, was den Dingen, die Sie unter Ihren Alkohol mischen wollen, beigefügt ist. All diese Zusatzstoffe können einen massiven Effekt auf die Fähigkeit Ihres Körpers haben, Alkohol zu verarbeiten. Der englische Arzt Dr. David Bull drückt es so aus: «Es gibt unterschiedliche Reinheitsgrade von Alkohol. Je reiner er ist, desto weniger Nebenwirkungen sind zu erwarten. Und als wäre das nicht schon schlimm genug, ist es nicht nur der Alkohol, mit dem der Körper fertigwerden muss. Vielen Drinks sind andere Dinge beigemischt, darunter eine Reihe von Farbstoffen auf Zuckerbasis. Wir wissen heute, dass reiner Alkohol weit weniger Symptome auslöst als gezuckerte Cocktails, die mit minderwertigem Alkohol hergestellt wurden.»

Es gibt viele Mythen über das Trinken: dass man unbeschadet bleibt, solange man bei Bier oder bei Wein bleibt; dass Trinken in einer bestimmten Reihenfolge – erst Bier, dann Wein – in Ordnung ist; dass man Sekt und Champagner meiden sollte; dass man Rotwein meiden sollte oder dass es hilft, ihn mit Cola zu mischen.

Diese Tipps funktionieren in der Praxis nicht, weil sie nicht die Regeln für einen gepflegten Rausch berücksichtigen.

Ich habe für dieses Buch eine Reihe von führenden Experten konsultiert und eine Liste von Empfehlungen zusammengestellt, die die chemischen Reaktionen des Körpers auf Alkohol unterstützen.

*Wenn Sie meine Ratschläge gewissenhaft befolgen, dann sollten Sie Ihren letzten Kater gehabt haben.*

Die Marken, die in diesem Buch aufgeführt und empfohlen werden, sind Beispiele für die reinste Form, in der man das jeweilige Getränk kaufen kann. Sie enthalten so wenige

Zusatzstoffe wie irgend möglich, wurden auf die gesündest denkbare Art und Weise hergestellt und verursachen so wenige Nebenwirkungen wie möglich.

Die Cocktailrezepte in diesem Buch wurden ausnahmslos unter dem Gesichtspunkt ausgewählt, dass sie so rein und unverfälscht wie möglich sind, dass sie alles weglassen, was schmerzhafte Folgen nach sich ziehen kann, und dass sie gegebenenfalls Alternativen beinhalten, die den Metabolismus des Körpers sogar noch beschleunigen und dem ADH-Enzym einen Schub geben, damit der Alkohol schneller abgebaut wird. Mein Rat, die Flaschenetiketten genau zu lesen, wird Sie in die Lage versetzen, Gutes von Schlechtem zu unterscheiden und auf einen Blick zu erkennen, was die echten Qualitätsprodukte sind, die sorgfältig hergestellt wurden – und welches Gesöff Ihnen am nächsten Tag einen Brummschädel bescheren wird.

Bei Drinks, deren Alkoholgehalt ich bedenklich hoch finde und deren Verarbeiten dem Körper schwerfallen würde, verrate ich Tipps und Tricks, mit denen man die Stärke etwas abmildern kann – zumindest aber gebe ich Ihnen das Wissen mit, welche Drinks die stärkste Wirkung haben, damit Sie wissen, woran man besser nur vorsichtig nippen sollte.

Aber ich habe mir nicht nur vorgenommen, Ihnen einen dröhnenden Kopf zu ersparen. Ich will Ihnen auch helfen, Geld zu sparen. Wenn es eine Version oder Marke eines Getränks gibt, das ebenso gut schmeckt, aber nur einen Bruchteil dessen kostet, was man für den Marktführer hinblättern muss, dann finden Sie es in meiner Liste.

Oh, und natürlich schmecken sie alle fabelhaft.

## *Lektion zwei*

# Cocktails, die nicht dick machen

Wenn ein Getränk mit klebrigem Zuckersirup oder einem zuckrigen Likör gesüßt wird, dann wird es für den Körper schwieriger es zu verarbeiten. Zuckrige Zusätze verwandeln den guten Geist des Alkohols in einen bösen.

1. *Zucker kann massive Stimmungsschwankungen auslösen* und Sie in einen Strudel der Depression ziehen.
2. *Zucker lässt Sie zunehmen.* Gezuckerte Cocktails haben viele Kalorien. Einige Leute lassen sich dazu hinreißen, mehr davon zu konsumieren, als sie sollten, weil sie so süß sind, und gießen sie ziemlich flott in sich hinein. Nach ein paar dieser Cocktails ist man auf einem solchen Zuckerhoch, dass man einen überwältigenden Drang verspürt, sich auf die nächste Nahrungsquelle zu stürzen und alles in sich hineinzustopfen. Ich habe mit eigenen Augen gesehen, wie die vornehmsten Gesellschaften nach ein paar Drinks plötzlich alle Manieren vergaßen, wenn das Büfett eröffnet wurde.

Nehmen wir einmal die klassische Margarita und schauen, wie man sie stilvoll und ohne Reue genießen kann.

## *Die klassische Margarita*

5 cl Tequila
2,5 cl Triple Sec oder Cointreau
1,5 cl Sweet-&-Sour-Mix
Margarita-Salz
frische Limettenspalte

Gießen Sie alle Zutaten in einen Cocktailshaker mit Eis, salzen Sie den Rand des Glases und dann gießen Sie den Mix mit dem Eis in Gläser.

Mit einer Limettenspalte garnieren.

---

Ich sage nicht, dass dieser Drink schlecht schmeckt. Im Gegenteil, er kann äußerst lecker sein. Doch wenn Sie ihn auf diese Weise machen, trinken Sie Kopfschmerzen und viele Kalorien. *Nach diesem Rezept enthält ein Glas rund 414 Kalorien.* Erinnern Sie sich an Ihren letzten Abend mit Margaritas? Wenn sie nach diesem Rezept zubereitet wurden, dann wette ich, dass nach zwei Gläsern der Raum zu schwanken begann. Und als Sie am nächsten Morgen aufwachten, klebten Ihre Zunge und Ihr halbes Gehirn am Kissen fest.

Was auch immer Sie tun, *servieren Sie diesen Drink auf keinen Fall auf Ihrer Party*. Ihre Gäste sollen sich mit Freude daran erinnern, wie schön der Abend gewesen ist. Sie sollen auf keinen Fall herumerzählen, dass sie sich an nichts erinnern können, mit einem Presslufthammer im Kopf aufwachten und am nächsten Tag blau machen mussten.

Lassen Sie uns einmal sehen, wo das Problem bei diesem Rezept liegt und was diese deftigen Kopfschmerzen auslöst.

1. Zuerst einmal der Mix von Alkoholika. Sie haben einen Likör UND einen Tequila. Kein Wunder, dass alles anfing, sich zu drehen und Beelzebub sich am nächsten Tag in Ihrem Magen und Kopf austobte.
2. Sie haben den Mund voll Salz – ein alter Trick von Barkeepern, um dafür zu sorgen, dass Sie einen rasenden Durst bekommen und immer wieder an die Bar rennen werden, um Nachschub zu ordern. Schon ein Glasrand Salz kann die empfohlene Tagesdosis für Natrium abdecken.
3. Und obendrein haben Sie Zucker. Zucker im Triple Sec, Zucker im Sweet-&-Sour-Mix und Zucker in einigen Tequila-Marken, wenn Sie nicht wissen, worauf Sie beim Kauf achten müssen.

O. k. Lassen Sie uns diesen Drink für den gepflegten Rausch einmal grundüberholen.

## *Die Margarita für den gepflegten Rausch*

5 cl reiner Agave-Tequila
1 bis 1½ Limetten, frisch gepresst
2 cl Bio-Agavensirup
Orangenschalenspirale
Limettenspalte

Reiben Sie den Glasrand mit einem Stück Orangenschale ein.

Einen großen Tumbler bis zum Rand mit Eiswürfeln füllen. Eine große Handvoll Eiswürfel in einen Cocktailshaker geben. Alle Zutaten hineingießen und fünf Sekunden lang energisch schütteln, zumindest aber so lange, bis der Shaker außen feucht und beschlagen ist. Ohne die Eiswürfel aus dem Shaker in das Glas mit Eiswürfeln gießen. Aus einer Limettenspalte sanft einige Tropfen Saft auf die Margarita pressen und anschließend die Spalte auf die Eiswürfel im Glas legen.

Das ist unglaublich einfach zuzubereiten. Nur drei Zutaten. Mein sechs Jahre alter Neffe kann das. Und zwar sehr gut, wenn ich das an dieser Stelle hinzufügen darf.

Nun ja, Kinderarbeit einmal beiseite, was habe ich verändert, um aus der Margarita eine Margarita für den gepflegten Rausch zu machen?

1. *Warum reiner Agave-Tequila?* Wenn auf der Flasche 100 % Agave-Tequila steht, dann ist er gut, und das heißt, dass er nicht mit zuckerbasiertem Alkohol aus der Destillation von Rohrzucker vermischt ist. Trinken Sie nichts anderes als reinen Agave-Tequila. Er wird ausschließlich aus Agave-Pflanzen hergestellt und Ihnen, wenn er richtig konsumiert wird, keinen Kater bescheren. Ja, Sie haben richtig gelesen. Wenn Sie diesen herrlichen Drink genießen, werden Sie sich am nächsten Tag absolut prima fühlen – und obendrein enthält der Tequila nur rund 64 Kalorien. (In Lektion 6 finden Sie eine Liste mit meinen Markenempfehlungen.)
2. *Nehmen Sie nur ein alkoholisches Getränk.* Durch das Ersetzen von Triple Sec bzw. Cointreau durch Bio-Agavensirup, der natürliche Fruktose enthält, ersetzen Sie den zuckerhaltigen Likör durch etwas, das zwar die gewünschte Süße liefert, aber seine Kohlehydrate nur langsam freisetzt und einen niedrigen Glykämischen Index (GI) besitzt. Und indem man den Likör weglässt, vermeidet man obendrein, verschiedene Alkoholsorten in seinem Glas zu mischen. Jetzt ist es nur noch 100-prozentiger Agave-Tequila.

3. *Warum Bio-Agavensirup?* Einige Arten von Agavensirup sind biologisch hergestellt, andere werden mit Maissirup gemischt, der Zucker enthält. Den NICHT-biologischen Agavensirup kann ich nicht empfehlen, davon sollten Sie die Finger lassen. Wenn Sie also einkaufen, achten Sie darauf, dass nur eine Zutat auf dem Etikett steht, nämlich Bio-Agave. Bei Blindverkostungen der Zeitschrift *Spirits/ Drinks Business* im Jahr 2012 erreichte AquaRiva Bio-Agavensirup die beste Bewertung. Der zusätzliche Nutzen dieses Süßers besteht darin, dass der hohe Fruktoseanteil dem Körper beim Abbau des Alkohols hilft.

4. *Warum Orangenschale?* Der Cointreau oder Triple Sec verleiht dem Drink dieses delikate Orangenaroma – und Orangenschale macht das Gleiche auf eine viel bessere und wohltuendere Art. Ihre Nase wird den Duft der frischen Orangenschale um den Glasrand aufnehmen, sobald Sie das Glas zum Mund führen, und Sie bekommen dieses Vergnügen ohne den zusätzlichen Zucker- oder Alkoholstoß aus dem Cointreau oder Triple Sec.

5. *Warum frische Limetten?* Wenn Sie den fertig vorgemixten, zuckergesättigten Cocktail-Mix weglassen und stattdessen frisch ausgepresste Limetten verwenden, senken Sie den Zuckergehalt, was wiederum verhindert, dass der Blutzuckerspiegel wilde Sprünge vollführt. Außerdem bekommen Sie mit jedem Glas einen Vitamin-C-Schub und diesen wohltuenden sauren Kick auf der Zunge, der die Süße der Agave ausbalanciert. Wenn Sie einmal angefangen haben, Ihre Margaritas mit reinem Agave-Tequila, frischen Limetten und Bio-Agavensirup zu machen, werden Sie es nie wieder anders haben wollen.

6. *Diese Version der Margarita enthält 163 Kalorien pro Glas.* Wenn Sie all die zuckrigen Zutaten weglassen, bekommen Sie eine perfekte, frische Margarita, die exquisit und viel,

viel besser schmeckt. Und die weniger Kalorien hat. Wenn ich ausgehe und erwarte, dass einige Runden getrunken werden, oder wenn ich selbst eine Party gebe, würde ich persönlich den Tequila-Anteil auf 3,5 cl senken, was das Durchhaltevermögen meiner Gäste steigert, ohne dass der Geschmack leidet. Nimmt man etwas weniger Tequila und Bio-Agavensirup, so enthält die Margarita 30 Kalorien weniger pro Glas.

7. *Und was ist mit dem Salz?* Lassen Sie es einfach weg. Es mag hübsch aussehen, aber Sie bekommen einen viel reineren Drink, wenn Sie darauf verzichten. Salz kann den Geschmack Ihrer fein abgestimmten Margarita dramatisch beeinflussen – und alles nur, um Ihnen einen rasenden Durst zu bescheren.

Dieser Drink schmeckt viel besser als das Original – und hat keine der Nebenwirkungen. Sie werden nicht das Gefühl haben, Ihre Zunge sei von geschmolzenem Linoleum überzogen. Sie werden keine Schlagzeilen in der Boulevardpresse machen, weil Sie nach einem Stimmungsumschwung über die Stränge geschlagen haben. Ich habe diesen Cocktail bei Hunderten von Partys Topstars und VIPs serviert, und ich garantiere Ihnen, dass Ihre Gäste ihn lieben werden. Er ist unglaublich lecker und jedes Mal ein absoluter Triumph.

*«Es gehört zu den bemerkenswerten Begleiterscheinungen eines starken Katers, dass man das Gefühl hat falschzuliegen. Egal, ob es stimmt oder nicht. Nicht falsch in Bezug auf irgendetwas Bestimmtes, sondern falsch im Allgemeinen. Einfach nur falsch.»*

Jim Harrison

*«Das Einzige, womit Sie falschlagen, war die Wahl Ihres Drinks. Ein Kater ist nichts anderes als die Vergeudung eines wertvollen Tages. Und er ist absolut vermeidbar.»*

Cleo Rocos

## *Worauf es bei Tonic Water ankommt*

Kommen wir zu einer weiteren Lektion in Sachen Biologie, verbunden mit einer Markenempfehlung. Ich mache in diesem Buch sehr genaue Angaben, zum Beispiel welches Tonic Water Sie benutzen sollten. Ich will Ihnen auch erklären, warum.

Viele Spirituosen mit einem hohen Alkoholgehalt – also mehr als 40 Volumenprozent – haben meiner Meinung nach einen gefährlich starken Effekt auf die Leber, wenn man sie unverdünnt konsumiert. Für diese Fälle empfehle ich einen jeweils passenden Mixer oder Filler. Dieser verlängert den Drink und gibt Ihrem Körper mehr Zeit, die Alkohol-Einheiten zu verarbeiten. So verhindern Sie, dass Ihr Trink-Barometer in den roten Bereich kommt.

Ich habe einerseits Wert darauf gelegt, die am besten schmeckenden Marken zu empfehlen, mich andererseits aber auch immer für den Filler entschieden, der am reinsten ist – also soweit nur irgend möglich frei von Zucker und Additiven. Im Fall von Tonic Water gibt es in Großbritannien drei großartige Marken: die Eigenmarke von Waitrose, Fever-Tree und Fentimans.

Der Grund ist ganz einfach: Wenn man sich für die Diät- oder Light-Version eines Tonic Water entscheidet, um die Auswirkungen eines Drinks auf die Taille zu minimieren, bekommt man in vielen Fällen Aspartam – den umstrittenen künstlichen Süßstoff, der als E 951 deklariert wird. Es gibt im Internet eine lebhafte Diskussion darüber, was dieser Stoff angeblich anrichten kann. Ich will hier keine Hysterie schüren, aber wenn ich die Wahl habe, würde ich persönlich Aspartam absolut meiden. Es findet sich in einer Reihe von bekannten Marken.

Wenn Sie also nach einem kalorienarmen Tonic Water suchen, dann schauen Sie genau auf das Etikett, um zu sehen, ob Aspartam oder ein eher natürlicher Geschmacksstoff verwendet wird. Ich will Ihnen meine Favoriten vorstellen:

**Fever-Tree** Besonders das Naturally Light Tonic Water, das wenige Kalorien hat und seinen Geschmack durch reine Fruktose statt durch Aspartam bekommt.
**Waitrose Tonic Water** Die zuckerfreie Variante ist ausgezeichnet. Von allen Tonic Waters, die ich kenne, prickelt dieses am längsten.
**Fentimans Tonic Water** Ein leichtes Tonic Water mit wenigen Kalorien, das ganz in der Tradition dieses Unternehmens steht, immer nur gute natürliche Zutaten zu benutzen. Amazon liefert es auch in 8er-Packungen aus.

Sie alle lassen sich wunderbar mit Gin oder Wodka kombinieren und sind frei von unangenehmen Dingen, die am nächsten Morgen Ihren Kater verstärken könnten.

Das Bemühen, unangenehme Zutaten zu vermeiden, ist ein Thema, das sich durch dieses ganze Buch zieht. Doch kommen wir noch einmal auf die Mythen rund um das Trinken zurück.

Es ist kein Problem, Sekt oder Champagner zu trinken, allerdings nur wenn Sie einen Champagner wählen, der so rein wie möglich ist.

Sie können einen Abend mit Rotwein unbeschadet überstehen, aber nur wenn Sie wissen, wie man die Flasche liest, um sicherzugehen, dass der Inhalt möglichst natürlich und frei von Zusatzstoffen produziert wurde.

Sich den ganzen Abend auf eine Art von Alkohol zu beschränken funktioniert, aber nur wenn Sie beim gleichen reinen, gesund gemixten Drink bleiben, der keine unangenehmen Dinge enthält. Andernfalls sind Sie auf der Bobfahrt in die Hölle – egal, ob Sie Ihre Alkoholika mischen oder nicht.

So weit jedenfalls die Wissenschaft. Beim stilvollen Trinken ohne Reue geht es vor allem darum, mit größtmöglichem Genuss zu trinken – aber mit minimalem Schaden für Körper, Portemonnaie und die eigene Würde.

In jedem Kapitel werde ich aus dem Angebot das Beste und das Schlechteste auflisten. Hier ist schon mal ein vorläufiger Überblick darüber, womit Sie Ihr Glas füllen können, das *Periodensystem der Getränke*. Wie im Periodensystem der Elemente sind einige der hier aufgeführten Stoffe absolut instabil – und das werden auch Sie sein, wenn Sie davon trinken.

## Das Periodensystem der Getränke

**Um jeden Preis meiden**

- **Cm** — Alle maschinengemixten Cocktails
- **Rp** — Rumpunsch
- **Sa** — Sangria
- **Ge** — Gin in «Export Strength»
- **Gw** — Glühwein
- **Wb** — Wein auf Betriebsfeiern
- **Ab** — Absinth
- **Bc** — Blue Curaçao
- **Af** — Alles aus Faliraki (Griechenland)
- **Ga** — Grappa
- **Ag** — Alles Grüne
- **At** — Alles, was ein totes Tier enthält
- **Pd** — Pangalaktischer Donnergurgler*

**Um jeden Preis meiden, besonders im Flugzeug — Unedle Gase**

- **Ch** — Champagner
- **Sw** — Sprudelwasser
- **Fs** — Fruchtsaft

**Ein Glas**

- **Co** — Jeder Drink, der mit Cola gemixt ist
- **Tw** — Jeder Wein aus einem Tetrapak
- **Nb** — Selbstgebrautes vom Nachbarn
- **Zs** — Alle Cocktails, die Zuckersirup enthalten
- **Aü** — Alles über 40 Vol.% Alkohol
- **Sa** — Alles, was Sahne enthält
- **Tn** — Jeder Tequila, der nicht 100% Agave ist

**Zwei Gläser**

- **Ru** — Ungefilterter Rum
- **Af** — Alles, was in einem Flugzeug serviert wird
- **Wm** — Wodka Martini
- **Gm** — Gin Martini
- **Sc** — Süßer Champagner
- **Ws** — Whisky Sour
- **Po** — Portwein

**Drei Gläser**

- **Bw** — Biowein
- **Bd** — Biodynamischer Wein
- **Whm** — Whisky Mizuwari
- **Gr** — Gefilterter fassgereifter Rum
- **Tc** — Trockener Champagner
- **Ub** — Champagner Ultra Brut

**Party!**

- **Ta** — Tequila aus 100% Agave
- **Gz** — Gin und zuckerfreies Tonic Water
- **Wz** — Wodka und zuckerfreies Tonic Water
- **St** — Jeder Cocktail aus *Stilvoll trinken ohne Reue*
- **Gc** — Alles mit *Grand cru* auf dem Etikett

---

* So einen habe ich in der TV-Serie *Per Anhalter durch die Galaxis* getrunken, woraufhin ich umgehend starb und mich in eine Dampfwolke auflöste. Finger weg davon.

## *Lektion drei*

# Warum nicht Wodka?

*«Wenn das Leben dir Zitronen gibt,
mach Limonade daraus.»*

Anonym

*«Ich würde eher sagen: Wenn es dir eine Zitrone gibt,
dann besorg dir eine Flasche Wodka und einen
Spritzer Wermut und mach dir einen köstlichen Martini
mit Zitronenspirale.»*

Cleo Rocos

Lassen Sie uns gleich mit den harten Sachen beginnen. Wodka kann, wenn man ihn richtig zu handhaben weiß, ein phantastisches Getränk sein. Er enthält nur 64 Kalorien pro 2,5 cl, ist vollkommen frei von Kohlehydraten und gibt einem trotzdem nach einem langen und anstrengenden Tag einen Kick wie ein Maulesel.

Wenn Sie mit spirituellen Fingerzeigen und höheren Mächten und all solchen Dingen etwas anfangen können: Vielleicht hilft es Ihnen ja, wenn ich Ihnen verrate, dass der Wodka angeblich von einem Mönch erfunden wurde?

## *Der Ursprung des Wodkas*
*Eine spirituelle Geschichte*

Der Legende nach wurde Wodka von einem Griechen namens Isidor erfunden. Isidor war Mitglied einer russischen Delegation, die 1438 nach Florenz geschickt wurde. Diese Delegation besuchte auch Venedig, wo Isidor das Verfahren des Destillierens kennenlernte. Bei seiner Rückkehr nach Moskau wurde er nach einigen unvorsichtigen Äußerungen verhaftet und im Tschudow-Kloster innerhalb der Mauern des Kreml eingesperrt. Man sagt, dass er dort das Rezept für seine hochprozentige Erfindung ersann und aus Getreide den ersten russischen Wodka herstellte. Nachdem er sein Stöffchen perfektioniert hatte, machte er seine Wachen mit Wodka betrunken und floh nach Rom, wobei er allerdings seine Gerätschaften zum Brennen zurücklassen musste. So wurde er für die Russen zu einer Art Held, denn sie nahmen das als ein «Zeichen», Wodka zum Nationalgetränk zu machen. Sie sorgten dafür, dass Isidors Name den Weg in die Geschichtsbücher und seine Erfindung den Weg in ihren Schnapsschrank fanden, und seither wird das Zeug in Russland getrunken wie Muttermilch.

### Welchen Wodka kann man stilvoll und ohne Reue trinken?

Das Problem beim Wodka ist, dass eine ganze Menge übles Zeug auf dem Markt ist. Man kann in einer Bar buchstäblich ein Vermögen ausgeben, wenn der Barkeeper versucht, einem die Marken aufzuschwatzen, die er für die besten hält.

Menschen trinken Wodka mit den Augen. Ich meine damit nicht, dass sie ihn sich buchstäblich hinter die Lider kippen, obwohl ich von jemandem gehört habe, der das bei einer Party versucht haben soll und anschließend heulend zum Erste-Hilfe-Schrank geschleppt werden musste. Ich rede davon, dass die Leute etwas kaufen und behaupten, es sei ihre Lieblingsmarke, nur weil sie auf eine Marketingkampagne hereingefallen sind.

Wenn man der Werbung Glauben schenkt, dann gibt es Wodkas, die reiner sind, besser schmecken, die in der Lage sind, Sie wie einen absoluten Sexgott oder eine Sexgöttin aussehen zu lassen, mit der Folge, dass beim Objekt Ihrer Begierde jeglicher Widerstand dahinschmilzt, sobald es auch nur sieht, wie Sie an Ihrem Glas nippen.

*Fallen Sie nicht auf diesen Hype herein.*

Sie können den Kaufpreis dieses Buches bei einer einzigen Runde wieder herausholen, wenn Sie sich von mir erklären lassen, warum es nichts bringt, in einer Bar für teuren Wodka zu bezahlen.

Es gibt zweifellos Wodka-Liebhaber, die mich dafür teeren und federn würden, so etwas zu sagen, doch ich bin davon überzeugt, dass man wahrhaft professionelle Geschmacksknospen besitzen müsste, um erkennen zu können, welchen Wodka man serviert bekommt, oder um die Unterschiede zwischen einer guten und einer Premium-Marke herauszuschmecken, wenn der Wodka erst einmal mit anderen Zutaten vermischt ist. In einer Blindverkostung konnten fünf von sechs Teilnehmern ihren Lieblingswodka nicht aus einer Reihe von anderen herausschmecken.

Der Wodka, den man üblicherweise serviert bekommt, wurde bis zu fünfmal destilliert, was bedeutet, dass nur noch sehr wenig bis gar kein Geschmack übrig ist. Danach werden die meisten Wodkas mit Wasser auf den gewünschten Alkoholgehalt eingestellt und abgefüllt. Hinzu kommt, dass Wodka meist kalt serviert wird.

Nun sollte man immer auf der Hut sein bei Getränken, die eiskalt getrunken werden MÜSSEN. Das ist oft ein Hinweis darauf, dass sie aus minderwertigen Zutaten hergestellt sind und einen Geschmack haben, den man bei Zimmertemperatur nicht ertragen würde. Einen sehr guten Wodka sollte man problemlos bei Zimmertemperatur trinken können (selbst wenn man das nicht wirklich tun würde, Sie wissen schon, was ich meine). Das Kühlen kann einen schlechten Geschmack verdecken, darum wird in einigen Werbekampagnen ständig betont, dass man diese Marke eisgekühlt servieren müsse. Wenn aber ein Wodka stark gekühlt oder in einem Cocktail mit Fillern oder Säften vermischt wird, ist es praktisch unmöglich, den Unterschied zwischen den unterschiedlichen Marken zu erkennen. Wenn Sie also an der Reihe sind, eine Runde auszugeben oder wenn Sie eine Cocktailparty ausrichten, dann gebe ich Ihnen den Tipp, entscheiden Sie sich für preiswerten Qualitätswodka – zum Beispiel von meiner Liste mit Markenempfehlungen im folgenden Abschnitt – und sparen Sie Geld. Nur wenn Sie ein Date haben oder zu Hause eine Party geben und Eindruck schinden wollen, ist es die Sache wert, die Top-Marken zu kaufen.

Das heißt nicht, dass alle Wodkas gleich sind. Wenn Sie sich beim Einkaufen zwischen unbekannten Marken entscheiden müssen, ist eine gute Methode, auf dem Etikett nachzuschauen, woraus er hergestellt wurde. Wodka kann aus allem gemacht sein – Getreide, Kartoffeln, Obst oder alten Socken. Halten Sie nach Marken Ausschau, die aus

Winterweizen und -roggen – dieses Getreide ist höherwertig – hergestellt sind. Außerdem kann ich Ihnen auch einen Kartoffelwodka von bester Qualität empfehlen. Entscheiden Sie sich für polnischen Wodka, wenn Sie einen eher weichen und geschmacksintensiven Drink haben wollen. Greifen Sie zu russischem, wenn Sie lieber einen Drink möchten, der Ihnen einen dicken Schmatz gibt und Ihnen im Mund herumtanzt, bevor er noch einmal «Hallo» kreischt und Sie zur nächsten Party mitschleift.

### Preiswerte Qualitätswodkas

Dies ist durchaus keine vollständige Liste, aber es sind alles Marken, die mir von renommierten Barkeepern überall auf der Welt als gut und preiswert empfohlen wurden; Marken, die sie, ohne zu zögern, ihren Kunden servieren. Wenn Sie sich damit Ihre Cocktails mixen, werden Sie Ihrem Kopf einen Dienst erweisen, ohne gleich das Budget zu sprengen. Wenn der Barkeeper Sie anschaut und fragt: «Die Empfehlung des Hauses?», sagen Sie nein. Lassen Sie, statt ihn den Wodka aussuchen zu lassen, lieber Ihren Blick über die Regale schweifen und schauen Sie, ob Sie eine von diesen Marken entdecken können. Verlangen Sie diese und fügen Sie lächelnd hinzu: «Ich denke mal, Sie werden ihn so kalt servieren, dass man den Unterschied sowieso nicht schmecken kann.» Das hat nach meiner Erfahrung meistens den Effekt, dass der Barmann zurücklächelt und sich mit dem Eisshaker ein wenig mehr anstrengt.

Die folgenden Marken habe ich Wodka-Kennern serviert, die alle davon überzeugt waren, ihren Lieblings-Premiumwodka zu trinken, und ihren Drink köstlich fanden.

Finlandia Vodka
Ketel One Vodka

Wódka Wyborowa
Blavod Black Vodka
Russian Standard Vodka
SKYY Vodka

Natürlich gibt es daneben auch komplexe Wodkas, die sogar bei Zimmertemperatur genippt und genossen werden können und ihren höheren Preis wert sind:

Chase Vodka
Konik's Tail Vodka
Sipsmith Barley Vodka
Vestal Vodka
Sacred Vodka
Belvedere Vodka

Zeit für die nächste FAQ. Dieses Buch ist schließlich ein Ratgeber. Ich bin hier, um zu helfen. Oder zumindest um beim Mixen zu helfen.

**FAQ:** Wie viel Wodka soll ich trinken?

> *«Das erste Glas Wodka geht hinunter wie ein Pfahl,*
> *das zweite wie ein Falke und*
> *das dritte wie ein kleines Vögelchen.»*
> Altes russisches Sprichwort

Vielleicht sollte man nicht ausgerechnet einen Russen um Rat fragen, wenn es um das richtige Maß beim Wodkakonsum geht. Der Name Wodka kommt von dem russischen Wort «Voda», das Wasser bedeutet. Und man trinkt dort von beidem ungefähr gleich viel. Peter dem Großen wird nachgesagt, er habe beeindruckende zwei Liter pro Tag geschafft.

Ich persönlich würde empfehlen, es etwas ruhiger angehen zu lassen. Wodka kann tückisch sein. Er hat die Farbe eines Geistes, er ist transparent, er sieht vollkommen harmlos aus. Aber er hat einen ziemlichen Bums. Wodka enthält mindestens 38 Volumenprozent Alkohol, kommt aber auf bis zu 88 Prozent.

Ich bin kein Fan von Spirituosen mit mehr als 40 Prozent und ich empfehle sie auch nicht – ein solcher Alkoholgehalt ist viel zu hoch für meinen Geschmack und für meine Gesundheit. Serviert man so etwas «straight up» als Wodka-Martini (also ohne das Eis, mit dem er zubereitet wurde), dann ist das wie eine Injektion, die direkt ins Blut geht. Wodkas mit hohem Alkoholgehalt sind wie Sharon Stone in *Basic Instinct*: Sie sehen ganz unschuldig und cool aus, aber sie hauen dir von hinten eins über die Rübe. Und bevor man sich's versieht, ist man außer Kontrolle und hat seine Unterwäsche eingebüßt.

Wer Wodka als Martini oder «straight up» trinkt, sollte versuchen, 38 Volumenprozent nicht zu überschreiten. Bei einem Longdrink würde ich alles mit mehr als 40 Prozent meiden.

Ein richtig zubereiteter Wodka-Martini kann unglaublich stark sein. Wenn es also um die Frage geht, wie viele Wodka-Martinis man trinken sollte, würde ich sagen, sie sind wie gescheiterte Ehen:

> *Eine ist vollkommen verständlich,*
> *zwei sind absolut ausreichend.*
> *Wenn man auf drei oder mehr kommt,*
> *werden die Leute anfangen, über einen zu reden.*

Das soll nicht heißen, dass ich diesen Drink nicht empfehle. Er ist wunderbar zum Warmwerden, ein Vorspiel fürs Vergnügen und ein Volltreffer nach einem anstrengenden Tag.

Ich erinnere mich gut an den Abend, an dem ich Martinis entdeckte. Mit dabei waren Jack Nicholson, Bruce Willis und eine argentinische Tango-Tanztruppe ...

## *Meine erste Martini-Nacht*

Da gab es diese tolle Bar in Downtown Los Angeles. Helena's hieß sie. Sie hatte sechs Meter hohe Decken mit kleinen Fensterschlitzen ganz oben, sodass niemand hineinsehen konnte, und sie wurde geführt von einer eindrucksvollen, resoluten Griechin namens Helena, die nur Leute hineinließ, die ihr gefielen. Was ihr auf jeden Fall gefiel, waren Top-Promis aus Hollywood, die auch alle gerne kamen, weil sie dort sicher vor marodierenden Paparazzi feiern konnten. Das war auch besser so, denn an jenem Abend lieferte ich mir einen Kopfstand-Wettbewerb mit Jack Nicholson.

Der Abend fing großartig an – Madonna trank Martinis mit Bruce Willis. (Bruce ist übrigens ein ehemaliger Barmixer und mixt tolle Wodka-Martinis, die Wahl des Getränks war also seine Idee.) Jack Nicholson stolzierte herein, begleitet von Schauspielerlegende Robert Duvall aus *Der Pate* und der himmlischen Prinzessin Stéphanie von Monaco, die wie wir alle bester Stimmung und zum Feiern aufgelegt war. Dazu gab es die erste Runde.

Als Nächstes schneite eine argentinische Tanztruppe herein. Wie sich herausstellte, war Robert Duvall so etwas wie ein Tango-Fanatiker, er schnappte mich und zog mich auf die Tanzfläche. Er ist ein fabelhafter Tänzer. Es gab einen kurzen Schreckmoment, als er einfach geradewegs nach hinten umfiel und alle glaubten, er sei tot, doch er stand einfach wieder auf, lachte und tanzte weiter. Was ich für die mit Abstand beste Methode halte, mit einer durch Cocktail-Dehydrierung herbeigeführten momentanen Lähmung umzugehen.

Es war ein ausgesprochen lebhafter Abend. Ich erinnere mich, dass Prinzessin Stéphanie beinahe den Club in Brand gesteckt hätte, als sie eine brennende Zigarette in den Mülleimer warf. Doch es ging gut aus, und verschiedene Hollywood-Typen gingen hin, um sich seelenruhig ihre Zigaretten an den Flammen anzustecken, bevor das Feuer sicher gelöscht wurde. Daraufhin kehrten wir vor Vergnügen quietschend an die Bar zurück.

Zu diesem Zeitpunkt war ich bei zwei Martinis und ausgesprochen vorgewärmt für eine Nacht voller Unsinn. Das war auch gut so, denn so gegen drei Uhr pirschte sich Jack Nicholson an, und er hatte dieses unverwechselbare spitzbübische Grinsen im Gesicht, das einen vollkommen in seinen Bann zieht. Er wollte einen Kopfstand-Wettbewerb machen. Natürlich war ich dabei. Dann bestand er darauf, dass wir, während wir in dieser Position waren, kopfüber ein paar Shots trinken sollten. Auch damit war ich einverstanden. Sein Lächeln ist einfach unwiderstehlich.

Mit etwas Unterstützung von ein paar Hollywood-Stars, die zuschauten, stellte ich mich in meinem engen Cocktailkleid auf den Kopf, blieb eine Weile in dieser Position und schaffte es, mir einen Shot in die Nase zu schütten. Jack erging es deutlich besser, er schaffte es, deutlich länger im Kopfstand zu verharren und mehrere Drinks zu konsumieren, was mit allgemeinem Beifall quittiert wurde. Ich habe den Verdacht, dass er das nicht zum ersten Mal machte.

Der Abend endete schließlich irgendwann gegen 4 Uhr morgens, als Jacks Freundin ihn überreden konnte, sich wieder richtig herum zu drehen und ein Taxi zu besteigen.

## *Was ist der perfekte Martini?*

Jeder Barkeeper wird Ihnen auf diese Frage eine andere Variation nennen (mit Olive, Zitronenspirale, geschüttelt, gerührt und so weiter). Ich denke, es kann nichts schaden, ein paar unterschiedliche Varianten auszuprobieren – alles im Namen der Wissenschaft natürlich. Es ist wie bei Pralinen – wenn Sie die erste nicht mögen, versuchen Sie einfach eine andere. Und wenn Sie eine gefunden haben, die Ihnen gefällt, nehmen Sie gleich noch eine, um ganz sicherzugehen.

Aber es gibt ein ziemlich narrensicheres Rezept für einen perfekten Martini, so wie diejenigen, die wir an jenem Abend tranken, als Jack mich in die Geheimnisse des Martinitrinkens einführte.

Der Martini gehört zu den Drinks, die einen erfrischen und auf einen wilden Abend vorbereiten. Diese Version ist perfekt, wenn man mit Hollywood-Stars Kopfstand machen möchte.

## *Trockener Martini (ein Glas)*

5 cl guter Wodka (maximal 40 Vol.-%)
zwei Tropfen trockener Wermut, z. B. Noilly Prat
ein Stück Zitronenschale

Holen Sie den Wodka aus dem Tiefkühlfach. Gießen Sie den eiskalten Wodka in einen Cocktailshaker – 5 cl Wodka pro Glas – und dazu nur zwei Tropfen trockener Wermut pro Person. Schütteln und ins Glas gießen, dazu in jedes Glas ein kleines Stück Zitronenschale.

Der Wermut fungiert übrigens lediglich als Duftstoff. Er ist das i-Tüpfelchen, der letzte Schliff für etwas, das im Grunde genommen ein Wodka pur ist. Ich zucke jedes Mal zusammen, wenn ich sehe, dass jemand ein ganzes Shotglas Wermut zugibt.

Diesen Martini können Sie aufrecht oder auf dem Kopf stehend trinken – aber denken Sie daran, dass kopfüber Übung erfordert.
Brauchen Sie Hilfe mit der Zitronenschale?

## *Perfekte Stückchen aus der Zitronenschale*

1. Nehmen Sie ein Küchenmesser oder einen Sparschäler und schneiden Sie ein dünnes ovales Stück aus einer nicht gewachsten Zitrone. Dieses Oval sollte etwa 2,5 cm lang und möglichst dünn, also weitgehend frei von weißem Mark sein.
2. Drücken Sie dieses Stück mit der Schalenseite nach un-

ten über Ihrem Drink aus, damit das Citrusöl sich im Glas verteilen kann.
3. Reiben Sie mit der Schale über den Glasrand und lassen Sie sie anschließend in Ihren Martini fallen.

Wenn Sie ein hübsches Schalenband haben wollen, dann nehmen Sie eine dünne Zitronenscheibe, entfernen Sie das Fruchtfleisch, und dann drehen Sie die Schale zu einer Spirale. Oder investieren Sie in einen Zestenreißer und schneiden Sie damit von oben nach unten eine Spirale aus Ihrer Zitrone. Doch mit der oben beschriebenen Methode schmeckt der Drink besser, weil das Zitronenöl dem Martini ein wenig mehr Aroma und Geschmack verleiht.

**FAQ:** Gibt es einen Dresscode, wenn man Wodka stilvoll und ohne Reue trinken will?

*«Warum schlüpfst du nicht aus deinen nassen Sachen und in einen trockenen Martini?»*
Robert Benchley

Dieser Abend mit Jack hat mir gezeigt, dass Wodka eine leckere Möglichkeit ist, eine Nacht voller vergnüglichem Unsinn einzuleiten. Vor diesem Hintergrund habe ich eine Empfehlung für meine weibliche Leserschaft: Wenn Sie zum Cocktailtrinken ausgehen, achten Sie darauf, dass Sie einen Rock tragen, der bis unters Knie reicht. Man kann schließlich nie wissen, was alles passieren wird.

So wahren Sie ein sittsames Erscheinungsbild – auch dann noch, wenn Sie vergnügt am Kronleuchter hin und her schwingen. Und tragen Sie bitte jederzeit einen kompletten

Satz Unterwäsche. Es ist überhaupt nicht damenhaft, es mit der gesunden Frischluft zu übertreiben.

Eine der schönen Eigenschaften von Wodka ist, dass er keine Flecken hinterlässt. Im Gegenteil, man kann ihn in Notfällen sogar als Reiniger nutzen, wenn man nichts anderes zur Hand hat (siehe weiter unten) – also zögern Sie nicht, das Zeug in Ihrer besten Garderobe zu trinken.

**FAQ:** Wie soll ich meinen Wodka lagern?

*«Wenn man nüchtern ist, sollte man tun,
was man angekündigt hatte, als man betrunken war.
Das lehrt einen, das Maul zu halten.»*
Ernest Hemingway

Ungeachtet dessen, was ich über den Effekt des Kühlens auf den Geschmack gesagt habe, sollten Sie Ihre Wodkaflasche zu Hause immer im Eisfach lagern. Da Wodka praktisch keinen Eigengeschmack hat, behält er dort die ideale Temperatur, um Cocktails zu mixen – ohne den ganzen Aufwand, ihn in einem Mixer mit Eiswürfeln herumzuschütteln. Auch ein guter Wodka wird in Ihrem Cocktail immer eine bessere Wirkung erzielen, wenn er kalt ist. Meine Ausführungen über das Trinken bei Zimmertemperatur sollten lediglich sicherstellen, dass er überhaupt trinkbar ist. Um den Genuss zu maximieren, sollten Sie ihn eiskalt lagern, sodass Sie jederzeit leckere, eiskalte Martinis servieren können.

Schrauben Sie den Deckel der Wodkaflasche immer gut zu, da der Alkohol sonst verdunsten kann. (Andererseits ist das «Verdunsten» immer eine gute Ausrede, wenn man zum allmählichen Verschwinden der Vorräte befragt wird.)

**FAQ:** Kann man schlechten Wodka besser machen?

*«Geld macht, genau wie Wodka, den Menschen zum Sonderling.»*

Anton Tschechow

Nun, die kurze Antwort ist Nein. Zwar kann ein anständig gemixter Cocktail den Wodka einer preiswerten Qualitätsmarke in einen hochklassigen Triumph verwandeln, doch wenn man eine Flasche Wodka geschenkt bekommt, die aus alten Socken gemacht zu sein scheint, einem Löcher in den Hals brennt und nach Benzin schmeckt, gibt es wenig, was man tun kann.

Trinken Sie dieses Gebräu lieber nicht. Aber Sie müssen es auch nicht wegschütten. Hier sind meine Tipps, wie man schlechten Wodka am besten nutzen kann.

*Blumen* Geben Sie ein paar Tropfen Wodka zusammen mit einem Teelöffel Zucker in die Vase, und die Blüten werden länger halten und besser riechen. Wechseln Sie das Wasser täglich und geben Sie jedes Mal Wodka und Zucker zu. Nebenbei bemerkt: Wenn Sie einen schlechten Tag hatten und allein trinken, dann zählt es nicht als «Gesellschaft», wenn Sie Ihren Wodka mit den Blumen teilen.

*Reinigen* Wodka ist ein erstklassiger chemischer Reiniger. Halten Sie ein wenig davon in einer Sprühflasche bereit. Er beseitigt von Bakterien verursachte Gerüche, hinterlässt aber selbst keinen Geruch, wenn er getrocknet ist. Wenn Sie ein geliebtes Kleidungsstück mit nicht gerade wohlriechenden Achseln haben, sprühen Sie den Fleck einfach ein und lassen Sie es dann trocknen. (Natürlich würde ich nie anregen, wie ein gewissenloser Teenager Boutiquen und Bekleidungsgeschäfte zu betrügen, indem man Kleidungsstücke für einen Abend lang trägt und sie dann einsprüht und mit der Behauptung zurückgibt, sie seien nicht getragen worden. Ich will einfach nur darauf hinweisen, dass diese Reinigungsmethode völlig unentdeckt bleibt und Ihre so behandelte Kleidung nicht riecht wie der Duftbaum am Rückspiegel eines Taxis. Das ist ein heißer Tipp von den Modeexperten.)

## *Wie schneiden Sie ab?*
### *Das «Stilvoll Wodka trinken»-Quiz*

Jeder Mensch sollte verantwortungsbewusst trinken, deswegen meine Bitte, dass Sie gelegentlich einmal diese Quizfragen durchgehen. Ich will nur sicherstellen, dass Sie nicht Peter dem Großen und seinem Wodkakonsum Konkurrenz machen. (Wenn doch, dann sollten Sie vielleicht einen Blick in das Kapitel «Präha» ab Seite 228 werfen.)

**Wann trinken Sie Ihren ersten Wodka?**
☐ *Vor dem Abendessen* Korrekte Antwort.
☐ *Vor dem Frühstück* Oh weh. Nun ja, außer natürlich, Sie sind noch auf von gestern Abend …

**Wie wurde Ihr letzter Wodka serviert?**
☐ *In einem Martini* Wie schön.
☐ *Als Longdrink, in einer Bloody Mary* Tolle Party gestern? Übrigens, ein Rezept für eine perfekte Bloody Mary finden Sie auf der nächsten Seite.
☐ *Direkt aus der Blumenvase* Oje …
☐ *In einem Schnapsglas auf dem Kopf stehend inmitten einer jubelnden Partygesellschaft* Ah, hallo, Mr. Nicholson. Wie geht's?

## *Noch mehr großartige Rezepte*

Hier sind ein paar Rezepte, für die ich einigen der freundlichsten Barmixer der Welt über die Schulter geschaut habe. Sie zeigen Ihnen, wie man die gesündesten Versionen beliebter Wodka-Cocktails mixt.

Betrachten Sie sie als Grundausstattung für Ihren «Stilvoll trinken»-Arztkoffer. Mit ihrer Hilfe lernen Sie Dr. Drink besser kennen, während dieser in der Abteilung für Partylogie seine Visite macht. Bald werden Sie Ihr eigenes Repertoire aufgebaut haben, das Sie zum beliebten Gastgeber auf Ihrer eigenen Intensivstation machen wird.

*«Wodka ist unser Feind,
deshalb müssen wir ihn restlos vertilgen!»*
Russisches Sprichwort

### *Bloody Mary*

2,5 cl Wodka
5 cl trockener Sherry
2 Spritzer Angosturabitter
5 cl Tomatensaft
1 cl frisch gepresster Zitronensaft
6 Tropfen Tabasco
1 cl Worcestershire-Soße
½ Teeöffel Meerrettichsoße

*Glas:* Highball
*Deko:* gemahlener Pfeffer und Selleriestange

Alle Zutaten schütteln und ins Glas absieben. Pfeffer zugeben und mit einer frischen und knackigen Selleriestange dekorieren.

## *Moscow Mule*

5 cl Wodka
2,5 cl frisch gepresster Limettensaft
4 Spritzer Angosturabitter
Fever Tree Ginger Beer

*Glas:* Highball
*Deko:* Ein Limettenschnitz und ein Minzzweig

Im Glas auf Eiswürfel bauen, mit Ginger Beer aufgießen.

## *Dusk in Eden*

3,5 cl Wodka
1 große Scheibe Granatapfel, gehackt
2,5 cl Apfelsaft
5 ml Bio-Agavensirup
Granatapfelkerne als Deko

*Glas:* Martiniglas

Granatapfel mit einem Stößel zusammen mit dem Bio-Agavensirup in einem Mixglas oder Shaker zerdrücken. Wodka, Apfelsaft und Eis hinzugeben und gut schütteln. In gekühltes Martiniglas absieben. Mit Granatapfelkernen garnieren.

## *Wild Berry Caipiroska*

5 cl Finlandia Wild Berries Wodka
2 cl Bio-Agavensirup
3 cl frisch gepresster Limettensaft
4 frische Himbeeren
4 frische Brombeeren
2 frische Limettenspalten

*Glas:* Lowball (Tumbler)

Mit Stößel oder Holzlöffel je drei Beeren und die Limettenspalten in einem Tumbler auspressen und dann die zerdrückten Beeren in einen Cocktailshaker geben. Bio-Agavensirup, frischen Limettensaft und Wodka dazugießen. Tumbler mit zerstoßenem Eis füllen. Den Cocktail fünf Sekunden lang gründlich schütteln, ins Glas abgießen und mit den frischen Beeren garnieren.

*Lektion vier*

## Wie man zum Champagner-König wird

*«Champagner trinke ich nur, wenn ich glücklich bin und
wenn ich traurig bin. Manchmal trinke
ich ihn, wenn ich allein bin. In Gesellschaft halte ich
ihn für unverzichtbar. Ich nippe daran,
wenn ich Zeit habe, und ich trinke, wenn ich in Eile bin,
ansonsten lasse ich die Finger von dem Zeug,
außer wenn ich Durst habe.»*

Lily Bollinger

*«Tja, Lily, die ersten drei Gläser waren schnell
verschwunden. Noch jemand ein Glas Schampus?»*

Cleo Rocos

Oh, Champagner! Niemand kann schlecht gelaunt bleiben, wenn man ihm das erste Glas Champagner in die Hand gedrückt hat. Sie können mir glauben, das hat mir bei vielen Gelegenheiten aus der Klemme geholfen.

Champagner ist ein Partygetränk. Das Elixier des Feierns. Das Lourdes unter den Getränken – trinken Sie ihn, und Sie werden von aller Traurigkeit kuriert. Es ist, als würden die Blasen im Glas durch die Oberfläche aufsteigen und die herabhängenden Mundwinkel nach oben ziehen.

Wie eine Flöte aus flüssigen Diamanten. Ein Glas, gefüllt mit Hollywood-Stimmung. Die königliche Wahl. So wird Champagner vermarktet. Das ist eigentlich ziemlich clever, denn wenn man ihn nicht richtig trinkt, fühlt man sich am Ende ziemlich mitgenommen und absolut unköniglich.

Wie man den richtigen Champagner auswählt und serviert, werde ich gleich erklären. Und auch dass manche Feinschmecker ihn nicht einfach pur trinken, sondern mit den leckersten Zutaten mixen. Was mich an den Tag erinnert, als mich Prinzessin Diana mit Pfirsich-Bellinis bekanntmachte – und was dann geschah ...

## *Mein bester Bellini*

Die Einladung zu einem vergnügten Essen bei Prinzessin Diana war immer etwas, dem man mit großer Aufregung und Vorfreude entgegensehen konnte. Sie war ein großer Fan der *Kenny Everett Show*, und wir lernten uns im Lauf der Jahre recht gut kennen. Sie hatte einen schelmischen, hintergründigen Sinn für Humor. Wir drei liebten es, den neuesten Klatsch und Tratsch auszutauschen.

Einmal trafen wir uns zum Lunch in der Bombay Brasserie im Stadtteil Kensington. Sie war bester Laune und freute sich sichtlich auf einen kurzweiligen Lunch. Ihre Bodyguards waren nirgendwo zu sehen.

Ich hatte mit der Idee gespielt, einen Kir Royal zu trinken, doch Diana schlug vor, wir sollten alle stattdessen einen Pfirsich-Bellini bestellen (ein himmlischer

Cocktail aus Champagner und Pfirsichsaft), weil, wie sie es sagte, «hier ein guter gemixt wird». Also taten wir das, und sie hatte recht.

Schon Augenblicke später schwatzten wir munter durcheinander. Diana liebte es zu hören, welche Stars hinter den Kulissen was mit wem taten und wer «wirklich schwul» war. Wir erzählten ihr die heißesten Showbiz-News, und sie erzählte uns dafür den Klatsch aus dem Palast, und am Ende kreischten wir alle vor Lachen.

Wenn sie über Leute sprach, bezeichnete sie sie oft mit deren Sternzeichen. Sie sagte etwa: «Ach, der spitze alte Stier», oder: «Typisch Schütze, tanzt immer mit einer Flasche Wodka in der Hose auf dem Tisch herum.»

Die Geheimnisse, die an diesem Tisch ausgetauscht wurden, sind bis zum heutigen Tag nicht an die Öffentlichkeit gelangt. Man kann durchaus sagen, dass es einige Schützen und Stiere gibt, die viel Glück haben, dass die Zeitungen ihnen nicht genauer auf die Finger schauen.

Das Wundervolle an Diana war, dass sie so gerne lachte, und die Bellinis kamen bei uns allen gut an.

An diesem Nachmittag gingen wir alle in Kennys Penthouse, um im Fernsehen *Golden Girls* zu schauen.

Als wir in die Wohnung kamen, zog Diana als Erstes ihre Schuhe aus. Kenny hatte in einer Ecke seines Wohnzimmers eine Sammlung von Staubwedeln, die aussah wie eine explodierte Stripteasetänzerin. Ich ging in die Küche, um Champagner-Cocktails zu machen, und als ich zurückkam, tanzten Diana und Kenny zur Musik der Gypsy Kings und wedelten vergnügt mit den Staubwedeln herum.

An diesem Abend hatten Kenny und ich geplant, mit

Freddie Mercury, der ein guter Freund war und ganz in der Nähe wohnte, einen trinken zu gehen.

Kenny rief Freddie an und sagte ihm, er solle früher vorbeikommen, weil Diana da sei und wir uns zusammen *Golden Girls* ansehen wollten. Ich glaube nicht, dass es etwas Kitschigeres gibt als Diana, Kenny, Freddie und mich auf Kennys Couch beim Schauen einer Folge von *Golden Girls*. Kenny stellte den Ton leise, und wir alle synchronisierten die Fernsehbilder mit einem improvisierten neuen Text, mit einer deutlich weniger jugendfreien Handlung. Kenny war Blanche, Diana Dorothy, Freddie war Sophia, und ich war Rose. Ich traue mich nicht zu verraten, welche Handlung wir erfanden, aber sie war herrlich verdorben und vollkommen überdreht, und wir lachten uns schief. Diana kicherte hinter einem Kissen und fragte, was unsere Pläne für den Abend seien. Freddie erzählte ihr, dass wir vorhatten, in die Vauxhall Tavern zu gehen, eine ziemlich berüchtigte Schwulenbar in London.

Diana sagte, dass sie noch nie davon gehört habe und auch gerne mitkommen würde.

Das war allerdings keine gute Idee. «Das ist nichts für dich», sagte Kenny. «Da ist es voll von testosterontriefenden haarigen Schwulen. Manchmal gibt es auch Schlägereien vor der Tür.» Das schreckte sie nicht im Geringsten ab. «Was würden die Zeitungen schreiben, wenn du in eine Schlägerei zwischen Schwulen verwickelt wirst?», gaben wir zu bedenken.

Aber es war klar, dass Diana in der Stimmung für Dummheiten war, und sie wandte sich hilfesuchend an Freddie. Er fand die Idee toll und war immer dabei, wenn es darum ging, Grenzen zu überschreiten. «Kommt schon, lasst das Mädel seinen Spaß haben.

Könnt ihr euch das VORSTELLEN?«, sagte er, und sein riesiges Grinsen wurden zu einem Lachen.

Sie wolle einfach nur den Kick, unerkannt hineinzugehen und einen einzigen Drink zu bestellen, dann würde sie sofort wieder gehen, versprach sie. Zu diesem Zeitpunkt hatte sie schon das Outfit anprobiert, das Kenny hatte tragen wollen – eine Armeejacke mit Tarnmuster, die Haare unter eine Lederkappe gesteckt und eine dunkle Fliegersonnenbrille. Als wir sie im Dämmerlicht betrachteten, konnten wir uns vorstellen, dass die berühmteste Mode-Ikone der Moderne vielleicht – mit sehr viel Glück – als exzentrisch gekleideter schwuler Dressman durchgehen könnte.

Eine halbe Stunde später hielt unser Taxi vor der Vauxhall Tavern.

Kenny ging vor, ich folgte dicht hinter ihm, dann die als Mann verkleidete Diana und Freddie direkt hinter ihr. Die Bar war voll. Es dauerte eine Ewigkeit, sich bis an die Theke vorzudrängen, weil ein Gast nach dem anderen uns vergnügt begrüßte. Die Situation war fabelhaft skandalös und aufregend bizarr.

Jedes Mal, wenn sich ein neuer in Leder gekleideter behaarter Körper zu uns herandrängte, schlug uns das Herz bis zum Hals, doch niemand, absolut niemand, erkannte Diana.

Zentimeter für Zentimeter schoben wir uns durch das Gedränge von Ledertangas, bis wir endlich an die Bar gelangten. Wir stießen uns gegenseitig in die Rippen, wie Schulkinder, die einen Streich ausgeheckt haben. Diana und Freddie mussten kichern, und sie bestellte einen Weißwein und ein Bier. Als diese Transaktion abgeschlossen war, warfen wir uns bedeutsame Blicke zu, vereint in dem Bewusstsein, dass wir unsere Mission in triumphaler Weise erfüllt hatten. Wir hatten es geschafft! Niemals war es so aufregend gewesen und hatte so viel Spaß gemacht, in eine Bar zu gehen. Danach machten wir einen raschen Abgang, riefen ein Taxi und brachten Diana flugs zurück zum Kensington Palace. Die nichtsahnenden Schwulen, die vor der Tür Schlange standen, winkten vergnügt zurück, als ihre Königin der Herzen ihnen zum Abschied zuwinkte. Kein einziger Mensch ist uns je auf die Schliche gekommen.

Ihr Outfit schickte Diana am nächsten Tag in Kennys Wohnung zurück. Sie hatte eine reizende Dankeskarte an uns alle beigelegt, die mit den Worten endete: Das müssen wir unbedingt wiederholen!

Ich habe seither eine Menge Bellinis getrunken, und die Folge ist jedes Mal der eine oder andere vergnügliche Streich. Wenn Sie jemals in die Lage kommen, dass eine wunderschöne Prinzessin auf eine unerlaubte Zechtour gehen will, dann ist ein Bellini nach meiner Erfahrung genau das richtige Getränk. So wird er zubereitet:

## *Pfirsich-Bellinis (zwei Gläser)*

zwei reife Pfirsiche, geschält, halbiert und ohne Stein, oder, wenn es nicht anders geht, Dosenpfirsiche in eigenem Saft (kein Sirup)
gekühlter trockener Champagner oder Sekt

Pfirsiche im Mixer zerkleinern und zwei Teelöffel des Pfirsichpürees in ein gekühltes Champagnerglas geben. Das Glas unter Rühren mit Champagner auffüllen.

Diana trank nie viel und wir auch nicht, wenn wir zusammen unterwegs waren. Wir tranken gerade genug, damit wir uns ins Vergnügen stürzen konnten und hinterher noch in der Lage waren, uns an den Abend zu erinnern. Pfirsich-Bellinis – ein Halb und Halb von Fruchtsaft und spritzigem Champagner – bieten eine wunderbare und glanzvolle Möglichkeit, das alkoholische Vergnügen einen ganzen Nachmittag lang auszudehnen.

Außerdem habe ich mir sagen lassen, dass die Pfirsiche Vitamin A und C, Kalium, Kalzium, Magnesium, Phosphor und Folsäure enthalten. Ich bin nicht einmal sicher, was die letztgenannten Inhaltsstoffe genau sind, aber offenbar sind sie alle ausgesprochen gesund. Und ich weiß ganz sicher, dass sie uns an diesem Nachmittag einen warmen pfirsichfarbenen Schimmer schenkten.

Das ist es, was Champagner an einem guten Tag vermag. Trinkt man ihn in mäßigen Mengen und in guter Gesellschaft, mit guten Freunden und bei gutem Essen, dann ist er wunderbar. Macht man es aber falsch, kann er einem den furchtbarsten Kater bescheren. Und eine horrende Rechnung. Ich will Ihnen verraten, wie guter Champagner zu etwas Schlechtem werden kann.

## *Wenn guter Champagner schlecht wird*

Champagner ist wie ein Supermodel: Er ist absolut wunderschön, aber schrecklich teuer – und er kann sehr schnell wirklich zickig werden.

Und er kann ein absoluter Scharlatan sein, wenn es um Qualität geht.

Erstens gehört Champagner zu den alkoholischen Getränken, die immer gut gekühlt serviert werden, das macht es schwer zu schmecken, ob man ein Spitzenprodukt vor sich hat oder nicht. Die Hersteller von minderwertigem Schaumwein können die Defizite ihres Produkts hinter einer Fassade aus Zucker verstecken, der zugesetzt wird, um die Fermentierung zu beschleunigen, damit er spritziger, schmackhafter und aufregender wird. Dann gibt es den bewährten Trick, ihn aus einer Flasche mit beeindruckendem Etikett und edler Aufmachung zu servieren. Jahre des Marketings haben uns davon überzeugt, dass es ein Zeichen von Wohlstand und Lebensfreude (und nicht von Dummheit) ist, wenn wir dieses sprudelnde Getränk mit großer Geschwindigkeit und in großen Mengen in uns hineinschütten. Dieses Marketing rund um den Champagner ist absolut genial. Ich persönlich glaube nicht, dass es irgendwo ein Produkt gibt, das besser vermarktet wird. Fragen Sie sich einmal: Wann haben Sie das letzte Mal Champagner bei Zimmertemperatur getrunken? Und wie hat er Ihnen geschmeckt? Tja, das dachte ich mir.

Also werde ich ein paar Alternativen aufzählen, mit denen Sie auf der sicheren Seite sind, die weder Ihr Konto noch Ihren Kopf sprengen werden, wenn Sie mit Ihren Freunden etwas feiern wollen, und Schaumweine sind dafür besonders gut geeignet, wenn Sie ein wenig Pfirsich oder etwas anderes zugeben, das Sie in Hochform bringt.

### Spanien:

*Cava* – wird vor allem in Katalonien hergestellt. Aroma und Geschmack erinnern oft an Apfel und Zitrusfrüchte.

Die Hersteller Freixenet und Codorníu produzieren ein beeindruckendes Sortiment von Schaumweinen, das von preisgünstigen Sorten bis zu Premium-Marken reicht.

Einige Beispiele aus den beiden Häusern (die Preise sind ungefähre Angaben):

Freixenet Cordón Negro Brut (8 Euro)
Freixenet Elyssia Gran Cuvée Brut (15 Euro)
Bach Cava Extrísimo Brut Nature (5 Euro)
Cava Codorníu Reina Maria Cristina Blanc de Noirs (20 Euro)

**Italien:**

*Prosecco* – dieser angesagte Schaumwein mit seiner charakteristischen Aprikosennote wird oft für Cocktails und erfrischende Aperitifs verwendet.

Einige massenproduzierte Versionen können ein wenig farblos schmecken, aber das trifft auf viele Schaumwein-Anbaugebiete überall auf der Welt zu.

Hier sind ein paar, nach denen man Ausschau halten sollte:

Fabiano Prosecco Castello 4357 Brut NV (12 Euro)
Giavi Brut – Prosecco Superiore Valdobbiadene DOCG (19 Euro)

**Frankreich:**

Limoux, direkt im Süden von Carcassonne in der Region Languedoc-Roussillon in Südwestfrankreich, produziert exzellenten und oft unterschätzten Schaumwein. Zu seinen charakteristischen Merkmalen gehören ein delikates Aroma von grünem Apfel und eine besonders blumige Note.

Blanquette de Limoux, Château Rives-Blanques (18 Euro)

## *Get the party started*

Wenn man bei einer Party Champagner servieren möchte, ohne zu riskieren, dass die Gäste am nächsten Tag einen dicken Kater haben, gilt es, eine entscheidende Regel zu beachten. Es ist die sogenannte Fußregel.

### Die Fußregel

Überlegen Sie, wie die Party ablaufen wird.

Werden Ihre Gäste an einem Tisch sitzen? Oder herumstehen?

Wenn sie stehen, dann sollten Sie *absolut niemals* für die Dauer der gesamten Party Champagner servieren, ansonsten ist sie dem Untergang geweiht. Hier ist der Grund dafür.

### Champagner auf Stehpartys

Das Problem am Champagner ist, dass er sein eigenes spezielles Glas hat. Ein hohes, schlankes, elegantes Glas. Ein aufstrebendes Glas. Allein es in der Hand zu halten gibt einem das Gefühl, exquisit und chic zu sein. Es impliziert, dass man genau am richtigen Ort mit den richtigen Leuten zusammen ist, dass man buchstäblich den Wohlstand trinkt. Genau wie das Glas fühlt man sich schlank, hochgewachsen und elegant, was natürlich absolut bezaubernd ist – die Sache hat nur einen Haken. *Die Leute wollen niemals ihr Glas aus der Hand geben. Und sie hassen es, wenn es leer ist.* Sie halten das Glas schützend in der Hand. Sie verfallen in Panik, wenn sie sehen, dass der Inhalt zur Neige geht. Sie trinken schneller, wenn der Schampus nicht mehr prickelt.

Achten Sie bei der nächsten Party einmal darauf, dann werden Sie sehen, dass selbst mancher Ausbund lässiger Eleganz ziemlich barsch werden kann, wenn es darum geht, seine Champagnerflöte zu verteidigen. Sie halten sich den ganzen Abend an diesem Glas fest, strecken es bittend jedem vorbeieilenden Kellner entgegen und lassen es nie trocken werden.

Natürlich weiß jeder, dass man nach jedem Glas Champagner ein Glas Wasser trinken sollte, aber sie tun es trotzdem nicht. Wasser benötigt ein anderes Glas. Das aber würde bedeuten, das spezielle Champagnerglas abzusetzen. Zu riskieren, dass es weggeräumt wird. Zu riskieren, dass man kein neues mehr bekommt. Zu riskieren, dass man an diesem Abend keinen Champagner mehr trinken kann. Also entscheiden sie sich, wenn der Kellner mit der Champagnerflasche herumgeht, lieber für das Nachfüllen und trinken noch etwas mehr.

Jeder weiß, dass man bei derartigen Veranstaltungen auch etwas essen sollte. Aber auch das beachten die Leute nicht. Man will nicht dort herumlaufen und Hühnerknochen in der Hand halten. Wo es kein Messer und keine Gabel gibt, wollen die Gäste nicht klebrige Finger und fleckige Kleidung riskieren oder mit Blätterteigkrümeln im Gesicht oder im Dekolleté enden. Und die Damen in den engen Kleidern sorgen sich um ihre Taille – offen sichtbar statt sicher hinter einer Tischdecke verborgen. Deshalb vermeiden sie es, allzu viel zu essen. Stattdessen trinken sie einfach weiter Champagner.

Vier Stunden später weiß niemand mehr, wie viel er konsumiert hat. Man hat keinen Schluck Wasser zu sich genommen und kaum einen Happen vom Büfett. Man ist erhitzt und derangiert und auf dem direkten Weg zu einem monumentalen Stinktier von einem Kater.

Und das ist nicht alles, was stinken kann. Vergessen Sie nicht, dass das perlendste aller Getränke, wenn man es sich zu schnell hinter die Binde gießt, zu einer absolut verheerenden Ansammlung von Fermentierungsgasen in Ihrem Inneren führen kann. Eine unglückselige Dame, die bei einer Party ein wenig zu viel trank, wird in der Londoner Society ewig als «Hovercraft Hetty» in Erinnerung bleiben. Sagen wir es so: Sie hatte im Verlauf des Abends so viel Überdruck aufgebaut, dass sich schließlich aus den Tiefen ihres Kleides eine derart markerschütternde Emission Bahn brach, dass ihre Füße den Boden nicht mehr berührten und unter den übrigen Gästen ein schockiertes Schweigen eintrat.

Oje.

Denken Sie bei Champagner an Foie gras. Eine delikate Leckerei. Doch wenn Sie nichts anderes servieren, wird jedem davon schlecht werden. Ich persönlich trinke oder serviere bei einer Party, bei der alle Gäste stehen, niemals einfach Champagner pur – außer vielleicht ein Glas für einen Toast. Stattdessen sollte man sich für Cocktails mit wenig Zucker entscheiden, aufgefüllt mit Champagner und in einem Longdrinkglas serviert. Das ist viel besser für die Stimmung, und es hätte Hovercraft Hetty eine Menge gesellschaftlicher Peinlichkeit ersparen können.

Hier sind ein paar von meinen Stilvoll-trinken-Rezepten, die man auf Stehpartys servieren kann.

### Partyrezepte mit Champagner

Das wird Sie unter dem Strich weniger kosten, als wenn Sie nur Champagner servieren, und alle Ihre Gäste werden sich am nächsten Tag frisch und munter fühlen.

## *Kalorienarmer Tequila- und Champagner-Cocktail mit Holunderblüten*

Dieser Drink ist absolut perfekt für Hochzeiten. Er ist wie ein Sommertag in einem Glas. Deshalb habe ich die Menge für 100 Gäste angegeben, wobei ich annehme, dass jeder Gast drei Cocktails trinkt. Das ist viel, viel billiger, als den ganzen Abend lang Champagner zu servieren, ist herrlich dekadent und erspart gleichzeitig jedermann unerwünschte Gewichtszunahme und Kopfschmerzen.

*Für 100 Gäste:*

10 Flaschen Champagner
12 Flaschen Reposado 100 % Agave-Tequila
8 500-ml-Flaschen Holunderblütensirup
13 350-ml-Flaschen Bio-Agavensirup
900 Himbeeren (3 pro Cocktail)
300 Minzzweige (ein Zweig pro Cocktail)

Leihen Sie sich Gläser von Ihrem örtlichen Spirituosenhändler. Gießen Sie in jedes Glas je einen Shot Tequila und Holunderblütensirup sowie 15 ml Agavensirup. Dann geben Sie jeweils drei Himbeeren und einen Minzzweig hinzu. Ganz leicht lassen sich so 100 Gläser vorbereiten. Wenn die durstigen Gäste ankommen, muss man nur noch Eiswürfel ins Glas geben und mit kaltem Champagner auffüllen und kann sofort servieren.

Der Alkohol ist reiner, die Verwendung von Agave statt Zucker hält die Sache im Lot, und Sie haben alles mit alkoholfreien Getränken und frischen Zutaten zu einem Longdrink gemixt, der Ihren Gästen ein längeres Durchhaltevermögen schenkt. Dieser Drink ist wie ein Sommerhut – er schützt Ihren Kopf auch am nächsten Tag noch vor Überhitzung.

## *Chill-out-Limettendrink*

Dieses Rezept ist perfekt für einen sonnigen Tag. Es ist ein bisschen komplizierter, aber ein sehr angenehmes Getränk, das gut vorbereitet werden kann. Wenn Sie eine Gartenparty planen, dann empfehle ich, ein wenig Geld zu investieren und für den Abend einen Barmann zu engagieren. Ein Profi mixt die Cocktails mühelos, und Sie haben Zeit, sich Ihren Gästen zu widmen.

*Für 8 Gläser:*

1 große Gurke, grob gerieben
Saft einer halben Zitrone
50 g frische Minzblätter, die Hälfte davon
sanft mit dem Stößel in einem Mörser zerdrückt
100 ml Holunderblütensirup
1 Flasche guter Champagner

Mit der Hand die geriebene Gurke durch ein feines Sieb in einen Krug drücken. Zitronensaft und die zerdrückten Minzblätter zugeben und eine Stunde lang ziehen lassen. Holunderblütenlikör zugeben und kalt stellen. Die restlichen Minzblätter in feuchtes Küchenpapier wickeln und kalt stellen. 20 Minuten vor dem Servieren 8 Sektgläser ins Gefrierfach legen. In der Zwischenzeit die übrigen Minzblätter zerkleinern. Nach dem Kühlen die Likörmischung auf die Gläser verteilen, dann mit kaltem Champagner auffüllen und mit den zerkleinerten Minzblättern garnieren.

## Champagner auf Partys servieren (wenn die Gäste sitzen)

Wenn Ihre Gäste zum Dinner sitzen, dann sieht die Sache völlig anders aus – dann können Sie ruhig flaschenweise Champagner anbieten. Das ganze Herumhantieren mit verschiedenen Gläsern entfällt, jedermann isst und trinkt zwischendurch Wasser – und niemand muss mit panischen Blicken Ausschau halten, woher der nächste Drink kommt. Allerdings muss man sagen, dass diese Vorgehensweise recht teuer kommen kann, sodass ich persönlich eher empfehlen würde, Kosten zu sparen und sich für Cocktails zu entscheiden (nach den Stilvoll-trinken-Regeln), außer wenn es sich um eine intime Dinnerparty mit wenigen Gästen handelt.

Doch welchen Champagner soll man servieren? Nun, das ist eine weitere häufig gestellte Frage.

### FAQ: Für welchen Champagner soll man sich entscheiden?

> *«Ich bleibe beim Gin. Champagner ist nichts weiter als Ginger Ale, das jemanden kennt.»*
> Hawkeye, M*A*S*H

Wie viel Sie ausgeben, sagt leider nichts darüber aus, wie groß Ihr Kater am nächsten Morgen sein wird. Mir wurde einmal Champagner angeboten, der 2500 Euro pro Flasche gekostet hat, und der schmeckte so stark nach Eiche, als würde man eine alte Schulbank trinken.

Was weitaus besser funktioniert, ist, seinen Champagner nach dem Zuckergehalt auszusuchen. Je trockener der Champagner, desto weniger Zucker wurde ihm zugesetzt, das heißt auch desto weniger Kohlenhydrate, Kalorien und weniger negative Auswirkungen auf den Körper.

Das Etikett klärt Sie über die Süße und damit den Zuckergehalt des Champagners auf.

In aufsteigender Reihenfolge des Zuckergehalts ist die Liste:

1. Ultra oder Extra Brut (am trockensten)
2. Brut
3. Extra Dry
4. Sec
5. Demi-Sec
6. Doux (am süßesten)

Im Interesse der Katervermeidung sollten Sie sich für Extra Brut entscheiden – er ist leicht, knackig, frisch. Er ist eine Primaballerina, die auf Ihren Geschmacksknospen tanzt, während Doux eher einer Mrs. Doubtfire gleicht, die am nächsten Morgen eine Rumba auf Ihrem Kopf vollführt.

Laurent Perrier Ultra Brut ist eine exzellente Wahl. Er ist zuckerfrei und enthält lediglich 60 Kalorien pro Glas. Ivan Dixon, weltweit renommierter Einkäufer für Weine und Spirituosen beim Londoner Nobelkaufhaus Harvey Nichols, empfiehlt den Agrapart & Fils Grand Cru AC 2005 Extra Brut Minéral. Er wird nach höchsten Qualitätsansprüchen gekeltert, ist absolut frei von Pestiziden und Herbiziden und kostet bei Harvey Nichols umgerechnet 50 Euro.

**FAQ:** Ich habe eine Flasche Champagner. Was stelle ich bloß damit an?

Bei Champagner kommt es oft vor, dass die Leute ein bisschen in Panik verfallen. Wie öffnet man ihn richtig? Wie kühlt man ihn richtig? So geht's:

*Erstens: Champagner muss kalt serviert werden*

Viele Champagnersorten schmecken, wenn man sie auch nur ein bisschen warm werden lässt, so trocken, als würde man mit einem Ledergürtel gewürgt. Die perfekte Temperatur liegt bei 7 Grad Celsius. Die einfachste Methode, diese Temperatur zu erreichen, besteht darin, die ungeöffnete Flasche in einen Eiskübel zu stellen (halb Eis und halb Wasser). Das Erreichen der richtigen Temperatur braucht etwa 20 Minuten.

Wenn Sie zu den bewundernswerten Menschen gehören, die immer auf alles vorbereitet sind, legen Sie ihn mindestens für drei Stunden in den Kühlschrank, bevor Sie ihn öffnen.

Experten warnen, dass man Champagner niemals ins Gefrierfach legen sollte, weil damit das Aroma und der Geschmack ruiniert würden, doch ich bin der Meinung, dass man das im Notfall durchaus machen kann. Wenn es absolut nicht anders geht, legen Sie Ihren Champagner für höchstens zehn Minuten ins Gefrierfach, das sollte keinen allzu großen Schaden anrichten.

Purer Champagner darf *niemals* mit Eiswürfeln gekühlt werden, denn das ruiniert ihn tatsächlich. Meine Güte, es dauert gerade einmal zehn Minuten, ihn im Gefrierfach auf Betriebstemperatur zu bringen. Wenn die Lage wirklich so verzweifelt ist, können Sie sich jederzeit rasch eine Margarita zubereiten, während Sie auf den Champagner warten.

## Wie man die Flasche öffnet

Viele Männer brechen unter der Last der Verantwortung schier zusammen, wenn man ihnen bei einer Party eine Flasche Champagner in die Hand drückt. Statt die Herausforderung heroisch und stilvoll zu meistern, ergreifen sie mit schreckgeweiteten Augen die Flucht, weil sie Angst haben, sich zu blamieren oder jemanden seines Augenlichts zu berauben oder wie ein Formel-1-Champion alles und alle um sich herum einer Dusche zu unterziehen.

Nun sind diese Formel-1-Burschen zweifellos tolle Autofahrer, aber sie haben nicht den leisesten Schimmer, wie man eine Flasche öffnen sollte.

So geht's:

1. Versuchen Sie, die Flasche während der Prozedur nicht zu schütteln. Nehmen Sie sie einfach aus dem Eiskübel, trocknen Sie sie mit einer Serviette kurz ab und entfernen Sie die Aluminiumfolie vom Korken.
2. Halten Sie den Kopf des Korkens mit der Serviette fest und drehen Sie die Schlaufe des Drahtes, mit dem der Korken fixiert ist, um sechs halbe Umdrehungen nach links, bis das Drahtgestell gelockert ist.
3. Nun sind Sie bereit, die Flasche zu öffnen. Halten Sie sie in einem 45-Grad-Winkel von sich (und von allen Menschen und Dingen, die Ihnen lieb sind) weg – nur für den Fall, dass der Korken doch herausschießt. Entfernen Sie das Drahtgestell.
4. Halten Sie den *Korken* fest und drehen Sie die *Flasche* sanft, bis der Korken herausgleitet.
5. Eine Flasche Champagner sollte sich mit einem Seufzer öffnen. Mit einem sanften Kuss. *Nicht mit einer markerschütternden Explosion.*
6. Wenn man auf diese Weise vorgeht, sollte kein einziger Tropfen verschwendet werden. Sollten allerdings Gäste anwesend sein, ist es immer besser, ein oder zwei Gläser in Reichweite zu haben, damit man, falls etwas schiefgeht, eine spontane Not-Dekantierung einigermaßen würdevoll über die Bühne bringt.
7. Wenn Sie alleine sind, können Sie natürlich auch vergnügt von der schaumigen Fontäne trinken und sich vorstellen, Michael Schumacher zu sein.
8. Servieren Sie den Champagner in Flötengläsern – diese

flachen Sektschalen, wie sie in den siebziger Jahren in Mode waren, ruinieren das Perlen. Schenken Sie für jeden Gast etwa einen Daumenbreit ein und warten Sie, bis der Schaum sich aufgelöst hat. Dann erst die Gläser auffüllen, bis sie zu etwa zwei Dritteln voll sind. Das verhindert ein Überschäumen und macht die abscheuliche Vorsichtsmaßnahme überflüssig, die ich auf Dinnerpartys schon wiederholt gesehen habe – dass die Leute einen Finger ins Glas stecken, um dem Schaum Einhalt zu gebieten. Zwar funktioniert dieser Trick, doch wirkt er natürlich weitaus weniger elegant und sexy, als wenn man schon durch das richtige Eingießen eine delikate Vorfreude bei seinen Gästen weckt. Solange Sie allein sind, steht es Ihnen selbstverständlich frei, beim Einschenken, was immer Sie wollen, ins Glas zu stecken.

Wenn Sie die Möglichkeit dazu haben, servieren Sie den Champagner in Kristallflöten. Es gibt jede Menge wissenschaftliche Untersuchungen, die zu dem Ergebnis kommen, dass sich das Perlen des Schaumweins darin am besten entfalten kann, ich dagegen mag sie einfach deshalb, weil sie ein gutes, solides Klingen haben, wenn man sie zu einem Toast erhebt – ein Klang, den ich immer als ausgesprochen festlich und verbindend empfinde.

## *Dresscode zum Trinken*

**FAQ:** Muss ich mich für Champagnerpartys wirklich an Kleidervorschriften halten? Abendgarderobe ist doch etwas übertrieben, oder?

*«Eine Mission mag unbequem sein, doch sie ist auch etwas Herrliches. Sie ist wie Champagner oder High Heels, und man muss bereit sein, dafür zu leiden.»*
Arnold Bennett

Diese Frage betrifft natürlich nicht nur das Trinken von Champagner. Aber an dieser Stelle scheint es mir recht passend, im Rahmen meiner Mission, Ihnen das stilvolle Trinken ohne Reue nahezubringen, ein paar Tipps zur passenden Garderobe einzustreuen.

### Trinken im Winter

Es ist nur recht und billig, sich nach dem gewünschten Dresscode zu richten, wenn der Gastgeber bei seiner Party keine Kosten und Mühen gescheut hat. Wenn er zum Beispiel für den Abend ein Schloss angemietet hat, ist es ein Gebot der Höflichkeit, sich exquisit herauszuputzen.

Wenn die Einladung also «Cocktailkleid» angibt, entscheiden Sie sich für ein schickes Kleid, tragen Sie Schmuck und hohe Absätze. Bei militärischen Anlässen sollten Sie ein langes Kleid tragen. Außerhalb von Offizierskasinos ist ein Saum oberhalb des Knies inzwischen vollkommen akzeptabel. Allerdings sollten Sie darauf achten, dass sich Ihre Knie jederzeit unterhalb der Hüfte befinden.

Wird in der Einladung «Smoking» oder «Abendgarderobe» verlangt, entscheiden Sie sich für ein langes Abendkleid. Andererseits besteht kein Grund, sich für ein sündhaft teures Abendkleid in Unkosten zu stürzen, wenn es sich lediglich um einen informellen Umtrunk handelt. Wenn es nur um lauwarmen Weißwein im Kopierraum geht, sollte die Schneiderrechnung entsprechend auch den Preis einer mittelprächtigen Flasche Wein nicht übersteigen.

Doch achten Sie darauf, dass Sie sich bei einer Party nicht den Unbilden der Elemente aussetzen. Viele Menschen vergessen, das Wetter in ihre Überlegungen mit einzubeziehen, wenn sie eine Party planen. Engländer sind in dieser Hinsicht am schlimmsten, weil sie diesen Fimmel haben, für ihre Feiern Schlösser anzumieten. Eine Silvesterfeier ist offenbar undenkbar, wenn man beim Kauen seiner Kanapees nicht ein oder zwei Türmchen im Blick hat. Und natürlich soll hinterher auf den Fotos alles toll aussehen, weshalb sie darauf bestehen, dass ihre Gäste in Abendgarderobe erscheinen. Für die Männer in ihren Smokings ist das schön und gut – sie können sich in mehrere wärmende Lagen Hemd und Jackett kuscheln und dabei heroisch und warm aussehen oder, wenn es sich um einen schottischen Ball handelt, in ihren Kilts herumtanzen, um die Blutzirkulation aufrechtzuerhalten. Für die Damen jedoch sind solche Veranstaltungen in Abendgarderobe ein Albtraum, weil Ballkleider leichte und hauchdünne Angelegenheiten sind. Ein tiefer Ausschnitt lässt Eiszapfen entstehen, wo keine hingehören, und das Verzichten auf Strümpfe, um die grazilen Manolo-Blahnik-Schuhe richtig zur Geltung zu bringen, bedeutet nackte Beine unter voluminösen Stoffbahnen. Wenn der Wind unter das Kleid fährt, wird es eiskalt. Trägt man eines dieser Kleider, die von Reifen in Form gehalten werden, ist es noch schlimmer. Es ist, als stünde man in einer Kathedrale, wo der Wind direkt ins Mittelschiff rauscht.

Kein Wunder, dass all die Könige und Hochadligen zusammen im Bett landen. Sie versuchen lediglich, sich gegenseitig warm zu halten.

Gegen den Luftzug lässt sich etwas unternehmen. Auch dieses Geheimnis hat mir Prinzessin Diana verraten – lange Unterhosen aus feinem Kaschmir. Wenn sie nur knielang sind, wird niemand sie sehen, und man kann es völlig problemlos warm haben und zugleich hoheitsvoll aussehen, auch wenn die Brise einem geradewegs den Arc de Triomphe umspielt.

Andere Kleidungsvorschriften dagegen empfinde ich nicht als lästig. Sehen Sie sie als Chance. Mit dem richtigen Outfit lässt sich einiges erreichen, wenn man es gezielt einsetzt und mit ein wenig Voraussicht plant.

### Ein stilvoller Ratgeber für Hüte

Wenn Sie zu einer Taufe, Hochzeit oder zum Pferderennen eingeladen sind und der Anlass nach einem Hut verlangt, sollten Sie als Frau Ihren Kopfschmuck mit Bedacht wählen. Überlegen Sie, was Sie mit dem Hut auf dem Kopf tun werden und was Sie sich von der Feier erhoffen – und entscheiden Sie sich für die passende Kopfbedeckung. Wollen Sie sich unter die Leute mischen oder lieber für sich bleiben?

**Der Distanzhut**

Nehmen wir an, Sie sind gezwungen, zu einer Party bei Ihren schrecklichen Schwiegereltern oder bei nervigen Kollegen zu gehen oder zur Taufe eines besonders unsympathischen Kindes, das Sie überhaupt nicht ausstehen können, oder zu einer Hochzeit, auf der Sie lieber die Braut gewesen wären, dann entscheiden Sie sich für einen Hut mit einer sehr breiten Krempe. Solche Kopfbedeckungen nennt man «Distanzhüte», weil sie dafür sorgen, dass Sie den Champagner und die Cocktails an der Bar allein und in Ruhe genießen können. Die Krempe ist so ausladend, dass niemand an Sie herankommt. Andere Gäste trauen sich nicht, Sie anzusprechen, weil Sie halb Mensch, halb Hut sind. Sie sind absolut in Ihrer eigenen Welt. Als hätten Sie einen kleinen Satelliten. Sie können jede Unterhaltung ganz einfach beenden, indem Sie Ihr Kinn leicht senken und Ihre Gesprächspartner ausschließen, um weiter in Ruhe an Ihrem Cocktail zu nippen. Im Übrigen sehen solche Hüte auf Fotos absolut hinreißend aus.

Wenn Sie den Gastgeber absolut nicht leiden können, tragen Sie dazu einen Schleier. (Und zwar einen weißen, wenn Sie auf einer Hochzeit nachdrücklich klarmachen wollen, dass Sie die Braut, an deren Stelle eigentlich Sie stehen sollten, von Herzen verachten.)

Solche breitkrempigen Distanzhüte sind auch praktisch für zerstrittene Ehepaare. Eine Frau, die auf ihren Mann sauer ist, kann ihn mit einem breitkrempigen Hut auf Distanz halten und vollkommen abblitzen lassen. Andersherum kann jeder Gentleman, der bei einem gesellschaftlichen Anlass nicht mit seiner Frau oder Schwiegermutter sprechen möchte, ganz einfach dafür sorgen, dass er seine Ruhe hat, indem er ihr einen Hut mit dem Radius einer Satellitenumlaufbahn schenkt. Auf diese Weise steht er nicht nur als guter Mann oder Schwiegersohn da, der seine Lieben mit exquisiten Geschenken überrascht, es hat obendrein den angenehmen Nebeneffekt, dass ihm die betreffende Dame nicht näher als einen halben Meter auf die Pelle rücken kann.

Distanzhüte sind im Grunde genommen ein ziemlich gutes Messinstrument für den Zustand einer Beziehung. Wenn eine Frau mit einem Distanzhut in den Saal rauscht, ist dies ein sicherer Hinweis darauf, dass sie kurz davor steht, die Scheidung einzureichen.

**Der taktische Flirthut**
Wenn Sie romantische Absichten haben, dann ist ein «taktischer Hut» zu empfehlen. Dabei handelt es sich um einen Hut mit einer breiten Krempe, die auf einer Seite nach unten gebogen ist. So etwas ist extrem nützlich, wenn man in einer Gruppe Liebesrivalinnen abwehren und gleichzeitig den Mann, den man ins Visier genommen hat, umgarnen will. Sie können sich dem Mann Ihrer Träume mit der hutlosen Seite Ihres Kopfes nähern und ihm süße Geheimnisse ins Ohr flüstern. Es ist wie ein Vorhang, den man vorziehen kann.

Ein solcher Hut macht es unmöglich, dass jemand anders sich an der Unterhaltung beteiligt, und er verhindert gleichzeitig, dass der Mann Ihrer Träume irgendjemand anders sehen kann. Wenn Sie heimliche Gespräche führen oder eine verbotene Beziehung haben, kann ein solcher Hut mühelos vor neugierigen Blicken schützen.

Wenn natürlich eine Frau mit schräger Hutkrempe sich Ihrem Mann nähert, dann wissen Sie jetzt, was das niederträchtige Biest im Schilde führt. Wenn ein Vamp mit taktischem Hut an Ihrem Tisch sitzen soll, dann rate ich Ihnen: Gehen Sie frühzeitig hin, schauen Sie sich den Sitzplan an und tauschen Sie gegebenenfalls ein paar Tischkarten aus, sodass er auf ihrer Hutseite sitzt und die beiden sich den ganzen Abend lang nicht zu Gesicht bekommen.

Diese Hüte sind natürlich auch bemerkenswert effektiv, wenn es darum geht, sich beim Dinner aus den Fängen öder Gesprächspartner zu befreien. Wenn jemand es sich in den Kopf gesetzt hat, Sie zu Tode zu langweilen, können Sie jederzeit Ihren Hut auf seine Seite schieben und den Langweiler abblocken.

In Notfällen, zum Beispiel, wenn Sie wissen, dass Sie auf beiden Seiten mit Langweilern geschlagen sein werden, oder wenn Sie wirklich keine Lust haben, mit jemandem zu reden, empfehle ich eine beide Ohren bedeckende Haube im Stil von *Jane Eyre*. Wenn Sie jemand darauf anspricht, schieben Sie einfach die Schuld auf Vivienne Westwood und erklären Sie, dass diese Kopfbedeckungen in modebewussten Kreisen der absolut letzte Schrei sind.

### Kontaktfördernde Hüte für Singles

Meine Damen, wenn Sie allein zu einem Umtrunk gehen, diesen aber nicht unbedingt allein verlassen möchten, empfehle ich einen Hut mit schmaler Krempe. Und stecken Sie sich die Haare hoch. Wie oft sehe ich beim Polo oder auf Hochzeiten Mädchen, unter deren Hüten die Haare hervorquellen, mit hoffnungsvollen Blicken herumstehen. Leider weiß ich, dass ihnen ein enttäuschender Abend bevorsteht. Jeder, der sich ihnen nähern will, muss sich durch unzählige Haarsträhnen kämpfen, bevor er auch nur in die Nähe ihrer Ohren kommt, um ihnen etwas Nettes hineinzuflüstern.

Sind die Haare ordentlich unter dem Hut verstaut, können Sie den ganzen Abend lang tanzen, und lachen und kein Haar wird verrutschen. Sie haben jederzeit ein offenes Ohr für den neuesten Klatsch und sind doch perfekt gestylt und eine Freude für die Augen.

Ich persönlich bin der Meinung, dass ein gut gewählter Fascinator immer die perfekte Lösung ist, wenn eine Kopfbedeckung angesagt ist und ich kontaktfreudig aufgelegt bin. Ein solcher Federkopfputz ist heute bei den meisten Anlässen eine absolut akzeptierte Alternative zu einem Hut. Ich habe eine solche Kopfbedeckung, die sich an alle Situationen anpassen lässt, sodass ich mich – je nach Zusammensetzung der versammelten Gesellschaft – vor Ort entscheiden kann. Das gute Stück besteht aus zwei Schwanzfedern meines Papageis Max und einigen Diamanten. An guten Tagen zeigen die Schwanzfedern geradewegs nach oben, und jeder hat freien Zugang zu meinen Ohren. Wenn sich jedoch herausstellt, dass sich die Partygesellschaft zu großen Teilen aus nicht gerade spannenden und unterhaltsamen Zeitgenossen zusammensetzt, drehe ich den Fascinator einfach um 90 Grad und kann alle Langweiler und unerwünschten Trinkgenossen in einem Radius von 60 Zentimetern auf Distanz halten.

### Ein stilvoller Ratgeber für Korsetts und enge Gürtel

Trinken Sie niemals zu viel Champagner, wenn Sie ein enges Korsett oder eine Hose mit engem Gürtel tragen. Die Bläschen kommen wieder zurück und verursachen Ihnen einen Schluckauf. Oder blähen Sie auf. Oder, schlimmer noch, es kommt zu einer Spontanentladung wie im Fall der unglücklichen Hovercraft Hetty. Damit Ihre Partyfreude nicht getrübt wird, entscheiden Sie sich im Zweifelsfall lieber für einen lockeren oder flexiblen Hosenbund.

> *«Eine Frau sollte niemals beim Essen oder Trinken gesehen werden, außer wenn es sich um Hummersalat und Champagner handelt, die einzigen wahrhaft weiblichen und schicklichen Lebensmittel.»*
> 
> Lord Byron

> *«Ganz ehrlich, bei dem Ruf dieses Mannes würde ich Ihnen empfehlen, setzen Sie sich einen Distanzhut auf und fallen Sie nicht auf den ganzen Rummel herein.»*
> 
> Cleo Rocos

Nur um sicherzugehen, dass Sie auch aufgepasst haben, folgt nun ein weiteres kleines Quiz.

## *Wie schneiden Sie ab?*

*Das Stilvoll-trinken-Champagnerquiz*

**Wie viel Champagner sollten Sie auf dem unglaublich wichtigen Sommerfest Ihres Chefs trinken?**

☐ *Keinen* Ach, nun kommen Sie schon! Ich weiß, ich habe gesagt, dass Champagner so zickig wie ein Supermodel sein kann, aber Sie können wenigstens Ihren großen Zeh auf den roten Teppich stellen und mitmachen. Kommen Sie schon, nehmen Sie einen Schluck. Ein Glas hilft Ihnen, sich zu entspannen und Ihr fabelhaftes Wesen für die Dauer der Party zu konservieren.

☐ *Zwei Gläser* Absolut richtig! Es ist wie mit Brillantohrringen – zwei sind die elegante und ideale Anzahl.

☐ *Eine Flasche* O.k., das sind so etwa sechs Gläser. Ich vermute, nach drei Gläsern ging es wahrscheinlich langsam abwärts. Aber unter uns: Das ist absolut verständlich. Machen Sie sich keine Vorwürfe. Wahrscheinlich war es das aufstrebende Glas, das Ihren Untergang besiegelt hat. Trinken Sie ein großes Glas Wasser und hoffen Sie, dass nicht morgen früh ein paar Nilpferde auf Ihrem Kopf das Tanzbein schwingen wollen.

☐ *Eine Magnum* (2 Flaschen) Ah ja. Es gibt Fotos. Tolle Party, was? Kamen Sie durcheinander, als jemand Sie fragte, ob Sie «noch einen Champagner» trinken wollen? Nur um das klarzustellen: Es war ein Glas gemeint, nicht eine Flasche. Aber es war sicherlich nicht Ihr Fehler. Es ist dieses verdammte Champagnerglas, stimmt's? Sie wollten es nicht abstellen. Hier ist mein Rat: Suchen Sie sich jemanden, der es noch schlimmer übertrieben hat als Sie, besorgen Sie sich ein paar fotografische Beweisstücke und mailen Sie sie umgehend an den Büroverteiler.

☐ *Eine Nebukadnezar* (20 Flaschen) Zumindest hat es sich so angefühlt. Sie haben nach drei mit dem Zählen aufgehört. Haben Sie sich heute Morgen beim Aufwachen am Flokati festgehalten und gewünscht, die Welt würde endlich anhalten? Vielleicht sollten Sie sich einmal mein «Präha»-Kapitel auf Seite 228 anschauen ...

**Sie sind bei Ihrer Schwiegermutter zu einem Umtrunk eingeladen. Was tragen Sie?**

☐ *Eine Sturmhaube* Hmmm. Ein bisschen ungesellig vielleicht. Immerhin wird sie keine Bemerkungen über Ihre Frisur machen können.

☐ *Einen Stahlhelm* Hmmm. Vielleicht ebenfalls ein bisschen zu offensichtlich, dass Sie den alten Drachen nicht ausstehen können.

☐ *Einen schief aufgesetzten Distanzhut* Perfekt. So können Sie eine Wange zur eisigen Begrüßung darbieten und sich dann einfach mit der ihr zugewandten Hutseite neben sie stellen und den ganzen Abend nicht mehr von ihr gestört werden.

☐ *Eine Haube aus dem 18. Jahrhundert mit eingebauten Hifi-Lautsprechern* Aha – Sie kommen nicht besonders gut miteinander aus, oder?

*«Zu viel von allem ist schlecht, aber zu viel Champagner ist genau richtig.»*

Mark Twain

*«Nach dem Sieg verdienst du Champagner, nach der Niederlage brauchst du ihn.»*

Napoleon Bonaparte

O.k. Damit haben wir den Champagner abgehandelt. Kann ich jemandem ein Glas Wein anbieten?

## *Lektion fünf*

# Wein ist kein Grund zum Weinen

(Mit Tipps zur Fleckenentfernung)

*«Verlass dich nie auf den Wein!
Erst ist er unser Freund, dann unser Feind.»*

Henry Fielding

*«Und Rotwein erwischt nur allzu oft Ihr
Sofa auf dem falschen Fuß. Ich werde Ihnen verraten,
wie Sie die Flecken wieder herausbekommen.»*

Cleo Rocos

Klar, wir könnten den ganzen Tag hier herumstehen und über Wein reden. Über «Traubensorten», «Weintränen» und «Jahrgänge». Aber das Leben – und die Mittagspause – sind einfach zu kurz.

Ich habe die Erfahrung gemacht, dass die folgenden beiden Ratschläge in allen Lebenslagen weiterhelfen. Der Oberkellner eines Sternerestaurants hat sie mir gegeben. Im Grunde genommen beinhalten sie alles, was man wirklich braucht.

1. Wenn Sie Ihren Wein in einem Supermarkt kaufen, geben Sie mehr als zwölf Euro für eine Flasche aus – damit sollten Sie auf der sicheren Seite sein. O.k., das ist nicht gerade billig, aber es bedeutet, dass Sie ein wenig bewusster trinken werden und dass Sie etwas trinken, das Sie mit Bedacht ausgewählt haben.
2. Wenn Ihnen im Restaurant Wein serviert wird und Sie Eindruck schinden möchten, dann kosten Sie ihn bedächtig und sagen Sie dann, dass er «ganz typisch für die Region» ist. Wenn es sich um Rotwein handelt, können Sie noch ein paar Sekunden nachsinnen und dann hinzufügen: «Er hat eine leichte Marmeladennote, nicht wahr?» Das wird die meisten Leute beeindrucken. Der Ober gestand mir, dass das alles ist, was er zu den Gästen sagt, wenn er ihnen eine Flasche Wein für 250 Euro auftischt, und dass sie sich damit immer vollkommen zufriedengeben.

Natürlich wird es Momente geben, wenn Sie sich in eine unangenehme Lage gebracht haben und eine Flasche Wein für zwölf Euro als Entschuldigung nicht ausreicht. Für diese Fälle habe ich ein paar Tipps für den Kauf teurer Weine zusammengestellt. Wählen Sie einen Wein, der zu Ihrem Vergehen passt:

**Ich habe ein kleines Problem mit meinem Partner/Chef · Ich muss jemandem dafür danken, dass er sich um mein Haustier gekümmert hat.**
Halten Sie Ausschau nach «AOC» auf dem Etikett. Das ist die Abkürzung für Appellation d'Origine Contrôlée und garantiert, dass es sich um einen guten französischen Wein handelt, der nach hohen Standards produziert wurde. Geben Sie gut zwölf Euro für die Flasche aus, dann liegen Sie richtig.

**Ich habe mittelschwere Probleme mit dem Partner/Chef · Es tut mir wirklich leid, was mein Haustier mit dem Sofa der Person angestellt hat, die es hüten sollte.**
Hmmm, in diesem Fall brauchen Sie wohl etwas, das die Aufschrift «Premier Cru» – das bedeutet «erstes Gewächs» – auf dem Etikett trägt. Rechnen Sie mit einem Preis um die 25 Euro, um den Schaden wiedergutzumachen.

**Ich habe das Auto meines Partners schwer beschädigt · Ich habe bei der Dinnerparty meines Chefs vor seinen Augen etwas getan, das eine chemische Reinigung erfordern wird · Es tut mir furchtbar leid, aber dein Haustier ist gestorben/verschwunden.**
In diesem Fall ist es wohl besser, wenn Sie etwas besorgen, das mit «Grand Cru» beginnt. Machen Sie sich keine Hoffnungen, unter 130 Euro davonzukommen.

**FAQ:** Gibt es irgendwelche Weintipps, die verhindern, dass man diese furchtbaren Kopfschmerzen bekommt?

Ich weiß genau, wer die besten Tipps zu diesem Thema geben kann: mein guter Freund Kyri Sotiri, ein bekannter Weinexperte und der Chef von Soho Wine Supply Ltd.

### Mögliche Auslöser für Wein-Kopfschmerzen

Wenn Sie nach dem Genuss von Rotwein unter schrecklichen Kopfschmerzen oder Allergiesymptomen leiden, kann es sein, dass die verschiedenen natürlichen Inhaltsstoffe des Rotweins dafür verantwortlich sind.

Ein Blick auf das Etikett kann hier sehr hilfreich sein, denn es ist wahrscheinlich, dass Ihre Symptome von Sulfiten, Tanninen, Histamin oder Tyramin ausgelöst werden. Lassen Sie uns die Liste der Verdächtigen einmal durchgehen und schauen, was sie tun und wie man ihre schädlichen Auswirkungen vermeidet.

## Allergien oder Asthmasymptome

*Sulfite* sind natürliche Produkte des Fermentierungsprozesses, doch zusätzlich dazu werden normalerweise kleine Mengen von Schwefeldioxid ($SO_2$) zugesetzt, um unerwünschte Bakterien zu eliminieren und den Wein zu stabilisieren und zu konservieren. Sparsam eingesetzt ist dieser Stoff ein wichtiger Bestandteil eines gesunden Weins, und Weine, die ohne $SO_2$-Zusatz produziert wurden, sind instabil und verderben schnell.

Doch medizinische Studien haben gezeigt, dass Sulfite bei bestimmten Menschen allergische und asthmatische Reaktionen auslösen können. Halten Sie sich also an Sorten mit niedrigem $SO_2$-Gehalt, wenn Sie bemerken, dass Wein bei Ihnen derartige Symptome auslöst. Auch Wein, der das EU-Biosiegel trägt, kann eine Menge Sulfite enthalten, also achten Sie besser darauf, dass das Etikett ihn explizit als «sulfitarm» oder «sulfitfrei» ausweist. Ein wunderbares Beispiel sind die Weine des Familienweinguts Domaine Viret. Beachten Sie, dass ein sulfitfreier Wein deutlich instabiler ist als ein geschwefelter, weshalb man die Flasche nach dem Öffnen am besten noch am gleichen Tag aufbrauchen sollte. Sagen Sie also Ihren Gästen, dass aus chemischen Gründen keine Reste gemacht werden dürfen, und sie alle werden garantiert am nächsten Tag einen klaren Kopf und ein reines Gewissen haben.

## Kopfschmerzen und Migräne

*Tannine* sind komplexe Verbindungen, die sich in der Haut, den Stielen und den Kernen der Trauben finden. Vereinfacht ausgedrückt verleihen Tannine dem Rotwein seine Farbe und geben ihm gleichzeitig seine Struktur und seine «mundkräuselnde» Qualität.

Studien haben gezeigt, dass Tannine die Freisetzung von Serotonin bewirken, das bei hoher Konzentration Kopfschmerzen und bei einigen Menschen auch Migräne auslösen kann.

Wenn Sie das Gefühl haben, dass Sie gegenüber Tannin empfindlich sind, aber dennoch gerne Rotwein trinken wollen, probieren Sie Weine der Rebsorten Pinot Noir, Gamay oder Sangiovese. Ich habe im nächsten Abschnitt auf Seite 92 ein paar leckere Beispiele aufgeführt.

*Wenn das nichts hilft, könnte es sein, dass Sie Histamin oder Tyramin nicht vertragen.*

Der *Histamin*-Gehalt im Rotwein kann doppelt so hoch sein wie im Weißwein. Eine Histamin-Unverträglichkeit findet sich bei Menschen, denen ein bestimmtes Enzym im Darm fehlt, das beim Abbau dieses Stoffes hilft. Man glaubt, dass Alkohol bei diesen Menschen Kopfschmerzen auslösen kann. Steigen Sie auf Weißwein um und schauen Sie, ob es hilft.

*Tyramin* ist dafür bekannt, die Blutgefäße zu verengen und den Blutdruck zu erhöhen, was ebenfalls bei einigen Menschen Kopfschmerzen zur Folge haben kann. Diese Menschen können auch von altem Käse, gepökeltem oder geräuchertem Fleisch sowie von Zitrusfrüchten Kopfschmerzen bekommen.

Auch hier dürfte Weißwein die bessere Wahl sein, denn Weißwein löst im Allgemeinen weitaus seltener Kopfschmerzen oder gar Migräne aus, weil der Traubensaft weitgehend ohne die Haut der Beeren vergoren wird.

## Ökologischer oder biodynamischer Wein

Wenn Sie von Rotwein regelmäßig einen Kater bekommen, versuchen Sie einmal eine Flasche biodynamischen Wein. Die Wirkung kann phänomenal sein und Sie selbst nach einem langen Umtrunk frisch und mit klarem Kopf aufwachen lassen.

Die Produzenten von ökologischem und biodynamischem Wein verfahren bei der Herstellung ihrer Produkte nach soliden Prinzipien von Weinbau und Landwirtschaft. Wenn man bedenkt, dass der Zusatz von bis zu 200 Chemikalien/Additiven bei der Weinproduktion gesetzlich zugelassen ist, garantiert einem ein ökologisch oder biodynamisch gekelterter Wein ein Produkt von größerer Reinheit. Ökologisch und biodynamisch gleichen sich insoweit, als dass sie keine Chemikalien verwenden, doch biodynamisch geht noch ein wenig weiter.

Manches davon klingt ehrlich gesagt ein wenig esoterisch, so wie das Vergraben von mit Mist gefüllten Kuhhörnern, um den Boden neu zu beleben, doch das Ergebnis ist oftmals ein Wein von unglaublich hoher Qualität, der frei von Konservierungsstoffen und am Tag nach der Feier ein Segen für den Kopf ist. Auch wenn Kritiker sich gerne über die mystischen Elemente dahinter lustig machen, lässt sich nicht abstreiten, dass das Endresultat ein Wein von exzellenter Qualität ist.

Biodynamisch muss auch nicht furchtbar teuer sein. Gran Cerdo (das ist Spanisch und bedeutet großes Schwein) ist ein biodynamischer, natürlicher Rioja mit minimalem Schwefelgehalt, der gerade mal vier Euro kostet. Halten Sie Ausschau nach dem lustigen Etikett mit dem Schwein auf der Vorderseite und der unterhaltsamen Schimpftirade gegen Banken auf der Rückseite. Der Winzer trägt den ehrfurchtgebietenden Namen Gonzalo Gonzalo Grijalba. Er ist ein bekannter Öko-Aktivist und hat sich natürlichen Methoden zugewandt, nachdem er hatte mit ansehen müssen, wie sein Vater krank wurde, weil er viele Jahre lang den im Weinbau üblichen Chemikalien ausgesetzt gewesen war.

Man muss jedoch festhalten, dass biodynamischer Wein nicht der einzige Weg zum Ziel ist, denn es gibt viele großartige Winzer, die, auch wenn sie nicht als ökologisch oder biodynamisch zertifiziert sind, einen sorgfältigen und sauberen Weinbau betreiben und dabei einige wirklich atemberaubende Weine produzieren.

Führende Weinhändler haben die folgende kleine Liste für Sie zusammengestellt. Halten Sie nach diesen Schätzen Ausschau, wenn Sie unterwegs sind, es könnte Ihnen helfen, Kopfschmerzen zu vermeiden. Alle diese Weine sind ausgezeichnet gekeltert und ihren Preis absolut wert:

**Rotweine:**

Fleurie «La Madone» – Jahrgang 2009
Albert Bichot (11 Euro)
Beaujolais, Frankreich (100 Prozent Gamay)

Chianti Classico – Jahrgang 2006
Il Molino di Grace (20 Euro)
Toskana, Italien (100 Prozent Sangiovese)

Estate Pinot Noir – Jahrgang 2007
Pirie (21 Euro)
Tamar Valley, Tasmanien (100 Prozent Pinot Noir)

Jones Block Shiraz – Jahrgang 2005
Paxton (32 Euro)
McClaren Vale, Australien (Biodynamisch – 100 Prozent Shiraz)

**Weißweine:**

Picpoul de Pinet – Jahrgang 2010
Mas de Mas (12 Euro)
Languedoc-Roussillon, Frankreich (100 Prozent Picpoul)

Adoro Sauvignon Blanc – Jahrgang 2008
Adoro (18 Euro)
Multiregional, Südafrika (100 Prozent Sauvignon Blanc)

Steingarten Riesling – Jahrgang 2007
Jacob's Creek (20 Euro)
Barossa Valley, Australien (100 Prozent Riesling)

Chablis Premier Cru «Les Vaillons» – Jahrgang 2010
Domaine Lang Depaquit (24 Euro)
Chablis, Frankreich (100 Prozent Chardonnay)

**Deutsche Weinempfehlungen**
Und hier ist meine Liste einiger fabelhafter deutscher Weine:

Erdener Prälat Riesling Auslese – Jahrgang 2008
Dr. Loosen (25 Euro)
Mosel (100 Prozent Riesling)

«Erdener Prälat» ist einer der besten deutschen Weinberge. Mit seiner perfekten Südlage, dem roten Schieferboden und einem besonders warmen Mikroklima bringt er Weine von außerordentlicher Kraft und Noblesse hervor. Die besondere Lage zwischen dem Fluss und dem wärmespeichernden Felsmassiv garantiert, dass jeder Jahrgang eine außergewöhnliche Reife erreicht.

Wehlener Sonnenuhr Riesling Kabinett - Jahrgang 2013
Dr. Loosen (19 Euro)
Mosel (100 Prozent Riesling)

Dieser besonders steile Weinberg bringt einige der elegantesten und kultiviertesten Weißweine der Welt hervor. Der klassische blaue Schieferboden verleiht dem Wein eine delikate, frische Säure, die die zarten Noten von weißem Pfirsich und Zitrone in perfekter Weise ausbalancieren. Ein charmanter Tropfen, der anmutig den Gaumen umspielt.

J. L. Wolf Wachenheimer Riesling - Jahrgang 2012
Villa Wolf (13 Euro)
Pfalz (100 Prozent Riesling)

Die Ortschaft Wachenheim liegt im Herzen der Mittelhaardt in der Pfalz. Die drainierten Sandsteinböden produzieren reine, fruchtgetragene Weine mit einem besonders erdigen Charakter. Wie «Village»-Abfüllungen im Burgund werden diese Weine nur mit dem Dorfnamen etikettiert.

Karl Johner Pinot Noir - Jahrgang 2010
Karl H. Johner (22 Euro)
Kaiserstuhl (100 Prozent Pinot Noir)

Dieser Pinot Noir kommt aus Weinbergen mit Vulkanasche- und Lößböden. Intensive manuelle Weinbergspflege, Laubarbeit und 50 Prozent Grünlese garantieren eine hohe Qualität.

Das sind natürlich alles fabelhafte Ratschläge, wenn man den Wein selbst kauft. Schwieriger wird die Sache, wenn man auf einer Party und damit einem anderen Weinkäufer auf Gedeih und Verderb ausgeliefert ist.

*«Das Alter ist nichts weiter als eine Zahl.
Es ist völlig irrelevant – außer natürlich,
wenn man eine Flasche Wein ist.»*

Joan Collins

## *Wein auf Partys*

Für Partys gibt es eine goldene Regel:

*Trinken Sie niemals von der Bowle.*

Das hat noch nie ein gutes Ende genommen. Sie haben keine Ahnung, was da hineingewandert ist.

Ich persönlich meide auf Partys Wein wie der Teufel das Weihwasser. Wenn der Gastgeber nicht gerade ein echter Weinliebhaber, wohlhabend und mit gutem Geschmack gesegnet ist, weiß man nie so genau, was man vorgesetzt bekommt. Wenn keine Flasche zu sehen ist und der Wein bereits in Gläser geschenkt wurde, gehe ich vom Schlimmsten aus – wahrscheinlich ist es nämlich genau das, was Ihnen kredenzt wird.

Da Weißwein immer gekühlt getrunken wird (ich kann es nicht oft genug wiederholen: Seien Sie immer vorsichtig bei Getränken, die man kalt trinken MUSS), kann selbst das furchtbarste Gesöff trinkbar erscheinen und erst am nächsten Tag, wenn man beim Aufwachen das Gefühl hat, dass der Kopf fünfmal so groß ist wie der Körper, erkennt man den Schaden, den es angerichtet hat.

Wenn Sie bei einer Party Wein trinken müssen, dann trinken Sie um Himmels willen Wasser dazu. Viel Wasser. Das ist das Einzige, was Sie retten kann.

Das Problem mit dem Wasser ist natürlich, dass sein

Konsum zu wiederholten Besuchen der sanitären Anlagen zwingt. Aber machen Sie sich keine Sorgen. Es gibt eine Lösung. Ich will Sie in das Geheimnis des «Investment-Pinkelns» einweihen. Ich selbst bekam diesen wundervollen Rat von einem Mitglied der königlichen Familie. Jetzt weiß ich, wie man jede Menge Wasser trinken kann, ohne dass man andauernd Abstecher in den Thronsaal machen muss. Ich werde ihr dafür ewig dankbar sein.

## *Investment-Pinkeln*

Diese Frage hat mich im Zusammenhang mit Royals und Top-Promis schon immer beschäftigt: Bei jedem Auftritt stehen sie im Rampenlicht, alle Augen sind auf sie gerichtet – wie um alles in der Welt schaffen sie es, dass sie niemals auf die Toilette müssen? Oder haben Sie schon mal einen Hollywood-Star in der Schlange vor dem Klo gesehen? Ebenso wenig kann ich mich an einen Fall erinnern, bei dem das versammelte Publikum ein paar Minuten zu warten genötigt war, bis das anwesende Mitglied der Königsfamilie ans Rednerpult treten konnte, weil erst noch der Royal Flush erfolgen musste. Offenbar gibt es einen Trick, den sie alle beherrschen. Ich will Ihnen so feinfühlig wie möglich verraten, wie es geht.

Ist Ihnen schon einmal aufgefallen, dass man auf Partys den ersten Toilettengang stundenlang vor sich herschieben kann, aber danach, wenn man einmal nachgegeben und das stille Örtchen aufgesucht hat, immer wieder gehen muss? Wie ein Hundewelpe muss man sich ständig Erleichterung verschaffen und immer wieder fesselnde Gespräche unterbrechen, um kurz den Raum zu verlassen.

Wenn Sie das vermeiden wollen, gehen Sie, bevor Sie sich auf den Weg zur Party machen, auf Ihr stilles Örtchen und tun Sie dort, was die Natur Ihnen vorschreibt. Und dann bleiben Sie sitzen und warten Sie eine Minute. Und tun Sie es noch einmal. Investieren Sie diese Zeit. Auch wenn Sie das Gefühl haben, dass Sie der Welt nichts mehr zu geben haben, werden Sie feststellen, dass es noch einen kleinen Rest gibt, der alle nachfolgenden Bedürfnisse auslöst, wenn Sie ihn nicht aus Ihrer Blase entfernen. Mit diesem Trick haben Sie die Sache im Griff. Er justiert das System. Er wird die Zeitspanne, die Sie haben, bevor Sie erneut gehen müssen, dramatisch verlängern. Versuchen Sie es einmal. Es funktioniert tatsächlich. Und es lässt Ihnen mehr Zeit, Abenteuer zu erleben und faszinierende Menschen kennenzulernen.

*«Solange du auf dem Boden liegen kannst,*
*ohne dich festzuhalten, bist du nicht betrunken.»*
Dean Martin

## *Ihre eigene Party*

Kaufen Sie für Ihre eigenen Partys den besten Wein, den Sie sich leisten können. Ihre Gäste sollten es Ihnen wert sein, dass sie nicht am nächsten Morgen mit einem Kater aufwachen müssen. Es muss nicht immer Grand Cru sein, aber versuchen Sie zumindest einen weiten Bogen um alles zu machen, was im Tetrapak verkauft wird. Und besorgen Sie eine ausreichende Menge. Bei vielen Weinhändlern gibt es die Möglichkeit, den Wein gewissermaßen auf Kommissionsbasis einzukaufen, das heißt, Sie können – im unwahrscheinlichen Fall, dass etwas übrig bleibt – die ungeöffneten Flaschen zurückgeben. Auf keinen Fall sollte es dazu kommen, dass Sie gezwungen sind, den Wein auszuschenken, den die Gäste mitgebracht haben. Man weiß nie, wie sich das mit dem mischt, was Sie selbst eingekauft haben – und es gleicht einer Partie russisches Roulette herauszufinden, ob die mitgebrachten Flaschen etwas Göttliches enthalten oder irgendein mörderisches Gesöff, das Ihre Gäste entweder noch zu Hause herumstehen hatten oder auf dem Weg zu Ihrer Party wahllos aus einem Supermarktregal gezogen haben.

**FAQ:** Wie entferne ich Weinflecken?

Sie können mir glauben: Wenn Sie Rotwein ausschenken, wird in neun von zehn Fällen etwas davon verschüttet werden. Ein Teil wird auf dem Boden landen. Ein Teil wird an der Wand landen. Ein Teil wird auf diversen Haustieren, Kindern, Schwiegereltern und Einrichtungsgegenständen landen. So ist das Leben. Finden wir uns damit ab.

## Weinfleckenentfernung
*Die erste Regel bei Rotweinflecken lautet: nicht verzweifeln.* Flecken gehören zu einer guten Partynacht. Sie sind Souvenirs. Seien Sie nicht zu empfindlich. Verlangen Sie nicht, dass alle Gäste ihre Schuhe ausziehen, bevor sie hereinkommen und sich unbehaglich irgendwo hinsetzen dürfen. Wenn es nicht aus religiösen Gründen geschieht, finde ich ein derartiges Ansinnen immer ziemlich unhöflich. Meine Schuhe gehören zu meinem Outfit. Ich will sie tragen. Fußböden sind dazu da, dass man auf ihnen herumläuft. Wenn die Leute auf dem Tisch tanzen wollen, dann sollen sie. Wenn sie mit ih-

rem Weinglas in der Hand herumtanzen wollen, lassen Sie sie. Dann ist es eine tolle Party!

Ich hasse Abende, bei denen man auf makellosen Möbelstücken herumsitzt und jeder das Gefühl hat, in Frischhaltefolie eingewickelt zu sein. Viel lieber gehe ich in ein Haus, in dem jeder das Gefühl hat, dass er einfach abschalten und sich amüsieren kann. Wenn Sie schon Leute einladen, um mit ihnen zu feiern, dann feiern Sie auch!

Ich habe einen sehr schönen und sehr großen antiken Teppich, den ich bei Partys ausrolle. Wenn Wein darauf verschüttet wird, ist das nicht weiter schlimm. Das fügt dem Muster ein paar neue Details hinzu. Ich kaufe grundsätzlich nur Sofas mit Bezügen, die man abziehen und waschen kann, und wenn Sie oder Ihre Freunde Rotweinliebhaber sind, dann sollten Sie das Gleiche tun. Wird etwas verschüttet, dann gießen Sie als Sofortmaßnahme etwas Mineralwasser auf den Fleck und werfen Sie den Bezug in die Wäsche. Weißwein ist bekanntermaßen gut, um die Intensität von Rotweinflecken zu verringern. Sie müssen gar nicht allzu viel von Ihrem Blanco verschwenden – ein Spritzer auf den roten Fleck wird diesem die Kraft nehmen, die nächste Wäsche zu überstehen.

### Sofas/Polsterstühle

Wenn Sie Möbel besitzen, die sich nur chemisch reinigen lassen, dann sind Sie selbst schuld, und ich rate Ihnen, in ein paar schicke Überwürfe zu investieren. Abgesehen davon sollten Sie für den Fall der Fälle die chemische Reinigungslösung für Rotweinflecken griffbereit haben: Mischen Sie Wasser mit 90-prozentigem Isopropanol-Reinigungsalkohol und hellem Essig.

(Ich muss Ihnen sicherlich nicht extra sagen, dass man das nicht trinken kann, oder? Das ist kein Cocktail, o. k.?)

Nehmen Sie einen Schwamm und betupfen Sie den Fleck

mit dieser Lösung, und dann saugen Sie den Fleck und seine Umgebung ab. Das soll verhindern, dass ein Wasserrand zurückbleibt. Es empfiehlt sich, zunächst einen Test an einer kleinen Stelle durchzuführen – obwohl ich mir ehrlich gesagt nicht vorstellen kann, dass diese Behandlung es schlimmer machen kann, wenn man es mit einem dicken, fetten Rotweinfleck mitten auf dem Sofa zu tun hat.

Dieses Mittel wirkt auch bei Bier, Cocktails, Likör und – wenn es eine ausgesprochen wilde Nacht war – Senf.

Fragen Sie nicht, woher ich das weiß, aber wenn die Stimmung wirklich ausgelassen war und Sie am nächsten Tag außerdem auch noch Wachsflecken auf den Polstermöbeln entdecken, wirkt der folgende Trick wahre Wunder: Bedecken Sie den Wachsfleck mit einem Tuch, stellen Sie Ihr Bügeleisen auf die niedrigste Temperatur ein, bügeln Sie darüber – und der Fleck wird herausgezogen. Und bleiben Sie auf jeden Fall bei der niedrigsten Temperaturstufe – alles andere wird Ihnen auch noch Brandflecken bescheren. Und der Versuch zu erklären, warum das Sofa gleichzeitig Rotwein-, Kerzenwachs- und Brandflecken hat, kann ziemlich knifflig sein.

## Wände

Seit ich gesehen habe, welchen Erfolg ein Bekannter mit dieser Methode hatte, ist das erste Hausmittel, das ich in meinen Einkaufswagen lege, wenn ich weiß, dass ich bei meiner Party auch Rotwein servieren werde, Farbe. Viele erfahrene Gastgeber in meinem Bekanntenkreis haben kleine Dosen aller Wandfarben ihres Heims auf Lager. Ich war einmal zum Dinner bei einem bekannten TV-Arzt, der vollkommen ruhig blieb, als durch ein Missgeschick eine volle Flasche Burgunder an einer Wand zerschellte. Statt panisch nach einem Lappen zu greifen, wartete er einfach ab, bis alles getrocknet war, und überstrich am nächsten Tag die ganze Wand.

**Ihr Gesicht**
Das Problem bei Rotwein ist, dass er einen nach ein paar Gläsern ein wenig wie ein Vampir aussehen lässt. Wenn Sie beim ersten Date Rotwein trinken, Ihre Verabredung aber nicht, dann sollten Sie eine Zahnbürste dabeihaben und die Lippen nach dem Essen und bevor es zu irgendwelchen Küssen kommt, kurz nachziehen. Und essen Sie nach Möglichkeit im Halbdunkeln. Diese rotfleckigen Lippen sehen im Hellen deutlich weniger verlockend aus. Ich empfehle aus diesem Grund für das erste Rendezvous Weißwein oder einen Tequila-Cocktail.

Wenn Sie am Morgen danach Ihr Gesicht im Spiegel betrachten und einen roten Fleck auf Ihren Lippen entdecken, dann bürsten Sie sie einfach mit der elektrischen Zahnbürste ab. Alle Rotweinflecken werden verschwinden. Und wenn sich Ihr Gesicht etwas ledrig anfühlt, nachdem Sie den ganzen Abend lang in Vin Rouge geschwelgt haben, dann nehmen Sie einen anderen Bürstenkopf und bürsten leicht über Ihr Gesicht. Ich weiß, das klingt ein wenig verrückt, aber ich habe diesen Tipp von einem Dermatologen – diese Behandlung ist genau das Richtige, um Ihren Teint aufzufrischen, zu beleben und die Blutzirkulation anzukurbeln.

Ich würde es allerdings nach Möglichkeit vermeiden, dass dabei jemand zuschaut. Egal, wie sensationell Sie am Abend zuvor waren, der Anblick, wie Sie Ihr ganzes Gesicht mit der Oral B des Hausherrn bearbeiten, könnte manchen Beobachter überfordern.

### Wie man einem Wein-Kater aus dem Weg geht

Mein letzter Tipp zu Thema Wein ist: Wenn Sie vorhaben, an diesem Abend viel zu trinken und Sie nicht genau wissen, von welcher Qualität der Wein sein wird, versuchen Sie, nur mit Leuten zu trinken, die Sie mögen. Trinken Sie Wein nur in Situationen, wenn Sie wissen, dass Sie lachen und tanzen werden anstatt in zuckerinduzierte Gefühlsturbulenzen abzusacken.

Der Grund dafür ist meine Atemtheorie. Ein Verkehrspolizist in Kalifornien hat mich darauf gebracht.

## Atemtheorie

Ist Ihnen schon einmal aufgefallen, dass man sich nach einem Abend, den man in Gesellschaft von langweiligen und vorurteilsbehafteten Menschen verbracht hat, am nächsten Morgen wie gerädert fühlt, während man mit fröhlichen und bezaubernden Menschen herrlich dekadente Partys feiern kann und dennoch frisch und vergnügt aufwacht? Am Morgen nach meinem Kopfstandwettbewerb mit Jack Nicholson hätte ich einen monumentalen Kater redlich verdient gehabt, weil ich die empfohlene Grenze von zwei Martinis deutlich überschritten hatte. Doch wir hatten die ganze Nacht lang gelacht und Tango getanzt, und es ging mir absolut blendend.

Der wissenschaftliche Hintergrund für dieses Phänomen liegt im Atmen begründet.

Der freundliche kalifornische Verkehrspolizist, der mir auseinandersetzte, wie das funktioniert, arbeitete in der Abteilung für Alkoholtests, also bei den Leuten, die Autofahrer anhalten und in ein Röhrchen blasen lassen.

Er erklärte mir, dass diese Testgeräte ermitteln, wie viel Alkohol jemand im Körper hat, indem Sie den Alkoholgehalt der Atemluft beim Ausatmen messen. Je mehr man also ausatmet, desto weniger Alkohol befindet sich noch im Körper. Das ist nur logisch, oder?

Ich könnte an dieser Stelle zu einem wissenschaftlichen Vortrag darüber ansetzen, wie Alkohol abgebaut und im Körper hin und her transportiert wird, bis er schließlich seinen Weg in die Lunge findet, aber das Leben ist zu kurz (oder müsste es heißen zu lang?). Vertrauen Sie mir einfach. Je mehr Sie lachen, tanzen und sich amüsieren, wenn Sie aus sind, desto mehr atmen Sie aus. und desto kleiner wird der Kater am nächsten Morgen.

Wer zu Tode gelangweilt auf seinem Stuhl sitzt, atmet auch weniger. Sie sollten also unter keinen Umständen mit langweiligen Menschen trinken. So etwas ist wirklich schlecht für Ihre Gesundheit.

**FAQ:** Irgendwie habe ich bei Partys immer den Langweiler vom Dienst an der Backe. Wie kann ich solchen Leuten aus dem Weg gehen?

> *«Entfache die verlöschende Flamme der Heiterkeit mit dem Fittich der Freundschaft und lass kreisen den rosigen Wein.»*
> Charles Dickens

O.k., das ist nicht nur eine Weinfrage. Aber glauben Sie mir, wenn wir von Büropartys reden, dann ist der Wein, der dort getrunken wird, in aller Regel kein guter. Also ist es das Letzte, was Sie gebrauchen können, auch noch von einem langweiligen Gesprächspartner vereinnahmt zu werden.

Wenn ich auf eine Party komme, schaue ich mich als Erstes um, wo die meisten Leute lachen, und dann setze ich mich umgehend in diese Richtung in Bewegung. Wenn ein Langweiler Sie bei einer Party in seine Fänge bekommt, ergreifen Sie sofort die Flucht. Schützen Sie Taubheit, Tod oder juristische Komplikationen vor. Tun Sie, was immer nötig ist, aber befreien Sie sich aus seinen Klauen. Machen Sie nicht den Fehler, sich aus falsch verstandener Höflichkeit den ganzen Abend lang in einen Abgrund der Ödnis ziehen zu lassen, weil Sie niemanden vor den Kopf stoßen wollen. Solche Menschen haben in aller Regel ein bemerkenswert dickes Fell, sonst hätten sie irgendwann mitbekommen, dass es ein Grundgebot der Höflichkeit ist, ein unterhaltsamer Gesprächspartner zu sein. Wer auf eine Party geht, sollte immer mindestens drei amüsante oder unterhaltsame Geschichten erzählen können. Es ist extrem unhöflich und vollkommen unentschuldbar, langweilig zu sein. Wenn Sie sich nicht amüsieren, dann sagen Sie sich, dass es für Ihr Wohlbefinden unerlässlich ist zu verschwinden.

Ein ausgezeichneter Trick, den ich oft anwende, um mich aus einer tristen Unterhaltung zu befreien, ist, vorzutäuschen, ich hätte einen Ring oder Ohrring verloren und müsste nun «den Weg zur Tür zurückgehen», um ihn zu suchen. Dabei kann man so tun, als würde man in der Nähe einer interessanten Menschengruppe etwas am Boden glitzern sehen und sich, nachdem man das Schmuckstück wiedergefunden hat, vergnügt dort in die Unterhaltung einklinken. Ich war einmal von den langatmigen Ausführungen eines Diplomaten so unsagbar gelangweilt, dass ich anfing, mit immer dramatischeren Handbewegungen die Pointe eines Witzes zu erklären, bis mir mit einer großen Schlussgeste mein großer Ring vom Finger rutschte und quer über die Tanzfläche flog, direkt in die Richtung einer Gruppe ziemlich gut aussehender Olympiamedaillengewinner.

Ich trinke nicht mit Langweilern. Menschen, die das Gesicht verziehen, Alkoholeinheiten mitzählen und missbilligend auf mein Glas schauen, Menschen, die einen Arbeits-, aber keinen Freizeitmodus besitzen. Solche Menschen tragen maßgeblich dazu bei, dass man einen Kater bekommt.

Scheuen Sie sich also nicht, nach einem Cocktail Ihre vergnügte und absolut alberne Seite zum Vorschein kommen zu lassen. Sie sind in bester Gesellschaft. Ich schwöre Ihnen, ich habe ein Dinner im Restaurant Motcombs im Londoner Nobelstadtteil Belgravia in bester Erinnerung, bei dem ich fasziniert dem obersten Richter Nigerias dabei zuschaute, wie er auf dem Tisch stand und «Summertime» sang. Und an anderer Stelle in diesem Buch werde ich Ihnen von einer rauschenden Nacht erzählen, bei der mich ein Cancan-Wetttanzen mit Gore Vidal ziemlich außer Atem brachte. Beides waren fabelhafte Männer, und ich wette, dass sie nur höchst selten mit einem Kater zu kämpfen hatten, weil sie an ihren freien Abenden so unbeschwert lachen konnten.

**FAQ:** Ein Nachbar hat mir eine Flasche billigen Wein geschenkt. Das war das letzte Mal, dass ich seine dämliche Katze gehütet habe. Aber abgesehen davon: Was soll ich mit dem Wein machen?

*«Ich koche mit Wein. Manchmal tue ich ihn sogar ins Essen.»*
W. C. Fields

Wenn Sie eine Flasche minderwertigen Wein als Geschenk bekommen oder wenn Sie nach einer Dinnerparty ein paar Flaschen von geringer Qualität übrig haben, ist das kein Grund zur Verzweiflung. Gießen Sie den Inhalt in eine Eiswürfelform und frieren Sie ihn ein. Und wenn Sie eine Soße zubereiten, geben sie zur Abrundung ein paar Würfel hinein. Tut mir leid, dass Ihr Nachbar so ein alter Geizkragen ist, aber so bekommen Sie wenigstens noch ein halbwegs anständiges Essen heraus.

*«WINO FOREVER»* [*]
Johnny Depps Tätowierung (die vorher «WINONA FOREVER» lautete)

---

[*] *Wino* heißt auf Deutsch Säufer oder Penner (Anm. d. Übers.).

## *Lektion sechs*

## Das Tolle an Tequila

*«One tequila, two tequila, three tequila, floor.»*
George Carlin

*«Lieber Mr. Carlin, Sie hätten meine Tipps zum
100-Prozent-Agave-Tequila lesen sollen.
Hätten Sie getrunken, was ich empfehle, dann wären
Ihnen solche Probleme erspart geblieben.»*
Cleo Rocos

Mit Geld, so sagt es die alte Binsenweisheit, kann man kein Glück kaufen. Ich glaube allerdings eher, dass die Leute einfach nicht den richtigen Tequila kaufen.

Ich liebe Tequila. Er ist mein absolutes Lieblingsgetränk – ein Thema, das mir am Herzen liegt und meine Hausbar füllt. Ehrlich gesagt bin ich so etwas wie eine Tequila-Evangelistin, und mein Bekehrungseifer ist selbst der mexikanischen Regierung und den großen Tequilaherstellern nicht verborgen geblieben. Im Jahr 2009 wurde ich vom Präsidenten der Tequilaindustrie und meinem lieben Freund Tomas Estes, dem Tequilabotschafter in Europa, zu ihrem vielbeachteten jährlichen Kongress in Guadalajara eingeladen. Dort wurde ich für mein Engagement und mein Werben für den Tequila ausgezeichnet. Jetzt darf ich offiziell den Titel «Tequila Queen» tragen.

Tequila wird aus der Agave hergestellt, einer Pflanze, die sechs bis acht Jahre lang in der wunderbar mineralreichen Vulkanerde unter der mexikanischen Sonne reift. Diese Pflanze hatte ein wahrhaft erfülltes Leben. Und ist sie erst destilliert und in eine Flasche abgefüllt, dann ist sie für mich die Pflanze, die einen rückhaltlos mit Lebenskraft und Freude erfüllen kann.

Meine Leidenschaft für dieses wundervolle Getränk nahm an einem sonnigen Tag in Mexiko vor etwa neun Jahren ihren Anfang. Dort sah ich eine wunderschöne, elegante Dame in ihren Sechzigern, die schreibend an einem Tisch saß und an einem geriffelten blauen Glas nippte. Sie sah aus wie ein *Vogue*-Cover. Sie strahlte Eleganz aus. Mit einem winzigen Schuss Gefährlichkeit im Glas.

Ich konnte nicht anders, ich musste fragen, was sie da trank. Die Antwort: Tequila. So, wie man ihn in Mexiko trinkt. Pur. Zimmertemperatur. In kleinen Gläsern. Und genippt.

Ich hasste Tequila. Zumindest dachte ich das. Ich hatte ihn bis dahin ausschließlich zusammen mit einer schauderhaften Kombination aus Limone und Salz getrunken, auf ex aus einem Schnapsglas. Doch an diesem Tag bestellte ich mir einen und trank ihn so, wie man ihn in Mexiko trinkt. Es war mein erster 100-Prozent-Agave-Tequila. Darum schmeckte und fühlte es sich so anders an, ihn zu trinken. Ich nippte daran. Ich war hingerissen – und ich habe es niemals bereut.

Wenn Sie Tequila nach den Regeln mixen und servieren, die ich weiter unten beschreibe, ist er ein wahres Stärkungsmittel, das strahlende Fröhlichkeit aus einem Glas schenkt. Man fühlt sich einfach großartig.

Man kann Tequila pur oder in einem Cocktail servieren. Doch es gibt drei Regeln:
1. Trinken Sie ausschließlich 100-Prozent-Agave-Tequila.
2. Mixen Sie ihn nur mit reinen, natürlichen Zutaten.
3. Trinken Sie ausschließlich Tequila. Nippen Sie, anstatt zu kippen, und mischen Sie ihn nicht mit anderen Spirituosen.

Es gibt zwei Kategorien von Tequila:

**Tequila (Mixto)**
Mixto-Tequilas werden aus Alkohol produziert, der zu mindestens 51 Prozent aus der blauen Weber-Agave gewonnen wurde. Sie sind mit Zuckerrohr- oder Maiszuckeralkohol verschnitten.

**100-Prozent-Agave-Tequila**
100-Prozent-Agave-Tequilas werden ausschließlich aus der blauen Weber-Agave hergestellt.

**FAQ:** Moment mal. Jedes Mal, wenn ich Tequila getrunken habe, hatte ich hinterher furchtbare Kopfschmerzen. Wollen Sie mir ernsthaft sagen, dass man Tequila trinken kann, ohne einen Kater zu bekommen?

*Ja, das können Sie. Aber nur dann, wenn Sie die erste Regel für das Tequilatrinken befolgen: Trinken Sie ausschließlich 100-Prozent-Agave-Tequila.*

Das Erste, wonach Sie bei einer Flasche Tequila Ausschau halten müssen, sind die Worte «100 Prozent Agave» auf dem Etikett. Wenn es nicht draufsteht, lassen Sie lieber die Finger davon. Zumindest aber sollten Sie sich keinen feuchtfröhlichen Abend damit machen und sich einbilden, dass Sie echten Tequila getrunken haben und ungeschoren aus der Sache herauskommen.

Diese Angabe auf dem Etikett – 100 Prozent Agave – hat nichts mit dem Alkoholgehalt zu tun. Es ist ein Reinheitsnachweis. Es bedeutet, dass der Tequila ausschließlich aus der blauen Weber-Agave hergestellt wurde, nach einem Verfahren, das zu den am strengsten regulierten der Welt gehört. Es ist die reinste Form dieses Getränks, die Sie kaufen können. Wenn Sie diesen – und nur diesen – Tequila trinken, *dann werden Sie keinen Kater bekommen.*

**FAQ:** Und wird das nicht ziemlich teuer? Bestimmt kann man diesen Tequila nur von Spezialhändlern beziehen.

Absolut nicht. Reiner Agave-Tequila muss nicht teurer sein als die Mixto-Marken. Es gibt zahlreiche 100-Prozent-Agave-Tequilas von guter Qualität auf dem Markt, die weniger als 30 Euro kosten, darunter auch die von mir selbst kreierte und preisgekrönte Marke AquaRiva Reposado Tequila. Bei 27 Shots pro Flasche ergibt das einen Preis von gut einem Euro pro Drink.

*Die zweite Tequila-Regel lautet:*
*Mixen Sie ihn nur mit reinen, natürlichen Zutaten*

Lassen Sie die Finger von den Fillern, die es fertig gemixt zu kaufen gibt. Sie sind voller Zucker und anderen ungesunden Inhaltsstoffen. Es ist ganz leicht und überhaupt nicht teuer, frische Limetten und Bio-Agavensirup zu kaufen und selbst zu mixen. Ich verrate Ihnen gleich im Anschluss alle Rezepte, die Sie brauchen. Tequila ist ein wunderbar reines Getränk – diesen Zustand sollten Sie mit frischen Früchten und Zutaten erhalten. Beseitigen Sie den Zucker, maximieren Sie den Geschmack und eliminieren Sie den Kater.

*Die dritte Tequila-Regel lautet:*
*Trinken Sie, ausschließlich Tequila.*
*Nippen Sie, anstatt zu kippen, und*
*mischen Sie ihn nicht mit anderen Spirituosen.*

Nun ja, ein frischer Spritzer Champagner in einem Cocktail ist schon gestattet. Aber der Trick besteht darin, dass man einen Tequila-Abend nicht mit ein paar Gläsern Rotwein beendet und dass man keine Tequila-Cocktails trinkt, die auch noch andere Spirituosen enthalten. Eine Faustregel ist, Cocktails zu meiden, die Tequila mit klebrigen Alkoholika wie Cointreau oder Triple Sec mischen. Das ist keine gute Kombination. Es sind Kopfschmerzen im Glas.

Und Sie sollten nie mit Tequila-Cocktails anfangen und dann nach dem Dinner auf Weinbrand oder Armagnac umschwenken. Halten Sie sich stattdessen an weinbrandähnliche Tequila-Geschmacksrichtungen wie die weiter unten beschriebenen Añejos und Extra-Añejos. Diese Tequilas bieten ein exquisites und komplexes Geschmackserlebnis, das sogar leidenschaftliche Brandy-, Whisky- und Cognac-Fans bekehren kann. Nach einem Abend mit Tequila und Tequila-Cocktails an einem Añejo zu nippen schenkt einem den ganzen Geschmack, aber es verhindert das Mischen verschiedener Alkoholsorten und damit den Kater.

**FAQ:** Dann weisen Sie mir bitte den Weg durch diesen Irrgarten. Was sind denn die Unterschiede zwischen diesen ganzen Tequilasorten?

### Tequila-Geschmacksrichtungen

Es gibt bei Tequila so viele Geschmacksrichtungen wie bei Whisky und Wein. Das Spektrum reicht von feurig-delikaten Zitrus- und Mandelnoten bis hin zu einem eher an Whisky oder Cognac erinnernden Eichenton. Lassen Sie mich Ihnen die verschiedenen Typen vorstellen:

*Blanco/Plate/Silver* Der Blanco ist der jüngste, er wird direkt nach der Destillation abgefüllt und ist farblos. Er ist das Baby dieser Kategorie, mit einem kräftigeren und volleren Agavengeschmack, oft ein wenig feurig. Als Zutat eines Cocktails sorgt er für einen sommerlichen Glücks-Kick. Pur serviert passt er ausgezeichnet zu scharfem Essen, und wie alle reinen Tequilas ist er wunderbar sanft zum Magen.

*Reposado* Das bedeutet ausgeruht. Dieser Tequila reift zwischen drei Monaten und einem Jahr in Eichenfässern, was ihm seine goldene Färbung verleiht. Je nachdem, worin er gelagert wird – französische Eiche, neue Eichenfässer oder alte amerikanische Bourbon-Fässer – bekommt Reposado ein viel komplexeres Aroma. Amerikanische Eiche liefert eine eher an Vanille erinnernde Note, französische Eiche einen eher schokoladigen Geschmack. Dieser Tequila ist ein wenig sanfter als der Blanco, und er schmeckt pur und in Cocktails wundervoll.

*Añejo* Das bedeutet der Alte, weil dieser Tequila zwischen einem und drei Jahren reift. Trinken Sie ihn in kleinen Schlucken pur. Auch dies ist ein wunderbarer Feierabenddrink, mit der ganzen Komplexität eines guten Whiskys oder Cognacs. Probieren Sie verschiedene Marken aus. Sie sind ähnlich wie Brandy, und der Geschmack reicht von schokoladig sanft bis warm und nachgiebig.

*Würmer und anderes Getier* Diese sind nichts weiter als Marketing-Gimmicks. Trinken Sie niemals etwas, worin ein totes Tier schwimmt – ganz egal, was die freundlichen Eingeborenen Ihnen erzählen.

Probieren und genießen Sie alle Varianten. Blanco präsentiert sich Ihrem Gaumen wie ein stürmisches junges Starlet.

Reposado ist der kultivierte Mann von Welt. Añejo ist ein Dichter voller Poesie. Und Extra Añejo ist schlicht und einfach der milde und weise König.

Haben Sie Lust bekommen auf eine Nacht mit einem von ihnen? Hier sind ein paar exzellente 100-Prozent-Agave-Tequilas für Einsteiger – gefolgt von einigen tollen Rezepten:

AquaRiva
Ocho
Siete Leguas
El Tesoro
Casa Noble
Alma Mia

## *Rezepte fürs Tequilatrinken ohne Reue*

Die folgenden Rezepte verursachen keinen Kater, wenn Sie sie exakt wie beschrieben zubereiten und die drei Tequila-Regeln beachten.

### *Kalorienarmer Hot Toddy*

3,5 cl 100 Prozent Agave Blanco Tequila
2 cl frischer Limettensaft
2 cl AquaRiva Bio-Agavensirup

Die Zutaten in ein Longdrinkglas oder einen Kaffeebecher geben, mit heißem Wasser aufgießen und einer Zimtstange garnieren.

### *Wassermelonen-Margarita ohne Kater*

3,5 cl 100 Prozent Agave Blanco oder Reposado Tequila
1,5 cl Bio-Agavensirup
2,5 cl frischer Limettensaft
2 cl Wassermelonensaft

Fruchtfleisch einer Wassermelone mit dem Stößel zerdrücken und den Saft abseihen. 2 cl davon zu Tequila, Limettensaft und Agavensirup geben. Gut geschüttelt in einem hohen Glas servieren. Mit Wassermelonenspalt garnieren.

## *Tequila Cosmopolitan*

3,5 cl 100 Prozent Agave Blanco Tequila
1,5 cl Bio-Agavensirup
2,5 cl frischer Limettensaft
6 Himbeeren, zerstoßen und passiert

Mit frischen Früchten garniert in einem gekühlten Cocktailglas servieren.

## *Tequila Mojito ohne Kater*

3,5 cl 100 Prozent Agave Reposado oder Añejo Tequila
2 cl Bio-Agavensirup
2,5 cl frischer Limettensaft
Frische Minze

Mehrere Minzzweige am Boden eines hohen Glases zerstoßen. Die anderen Zutaten zugeben und mit einem guten Sodawasser auffüllen.

## *Granatapfel-Martini ohne Kater*

3,5 cl 100 Prozent Agave Blanco Tequila
1,5 cl Bio-Agavensirup
2 cl frischer Limettensaft (Saft von einer Limette)
2 cl Granatapfelsaft

Mit reichlich Eis schütteln und in ein gekühltes Cocktailglas abseihen.

## *Guavarita ohne Kater*

3,5 cl 100 Prozent Agave AquaRiva Tequila Blanco oder Reposado
2,5 cl frischer Limettsaft
1,5 cl Guavenpüree oder 2,5 cl Guavensaft
1,5 Bio-Agavensirup

Mit viel Eis schütteln, in ein gekühltes Cocktailglas abseihen oder in einem Tumbler mit Eis servieren wie eine Margarita.

## *AquaRiva Mai Tai*

2 cl AquaRiva Reposado
2 cl Alma Mia Reposado
1 cl Ocho Tequila
3-4 Tropfen Angosturabitter
1 cl AquaRiva Bio-Agavensirup
3 cl frischer Limettensaft
1 cl Orgeat-Sirup

Alle Zutaten in einen Shaker mit Eis geben. Tumbler mit Eiswürfeln füllen. Schütteln und in den Tumbler abseihen. Mit Limette und Minzzweig garnieren und umrühren.

## *Mexican 55*

3,5 cl 100 Prozent Agave Blanco oder Reposado Tequila
1,5 cl frischer Zitronensaft
1,5 cl Bio-Agavensirup
2 Spritzer Grapefruitbitter
Champagner oder Prosecco

Alle Zutaten außer dem Champagner in Champagnerflöte füllen, dann mit Champagner oder Prosecco auffüllen.

**FAQ:** Jetzt mal im Ernst – all diese Cocktails verursachen keinen Kater? Selbst wenn ich eine Menge davon trinke?

Oh ja. Ich habe diese Rezepte wirklich gründlich an einer Menge illustrer Persönlichkeiten ausprobiert. Machen Sie doch selbst einmal die Tequila-Challenge!

*«Ich war beim alljährlichen Dinner von Cleo Rocos' Tequila Society und habe die Behauptung, dass große Mengen von reinem Agave-Tequila keinen Kater zur Folge haben, überprüft. Es stimmt. Man bleibt so frisch und vergnügt wie der Tau auf einem Gänseblümchen bei Sonnenaufgang. Außerdem schmeckt er wirklich gut. Aber es muss 100 Prozent Agave sein. Ansonsten schmeckt es wie nasser Hund, und man möchte am nächsten Tag sterben.»*

Derren Brown

*«Man bekommt keinen Kater davon. Es ist wie eine Art Zaubermedizin, die einen glücklich macht, und trotzdem fühlt man sich nicht krank am nächsten Tag.»*

Keith Lemon, am Morgen nach einem elfstündigen Flug von London nach Mexiko, bei dem er und unsere lustige Reisegruppe allen 100 Prozent Agave AquaRiva Tequila an Bord des Flugzeugs restlos vertilgten.

Richard Branson war so beeindruckt vom katerfreien Feiern, dass er einen Kasten nach Necker Island mitnahm, um dort weiterzufeiern.

Weitere Ratschläge zum Thema Trinken in Flugzeugen finden Sie in Lektion 12 (ab Seite 192).

Und jetzt – hat jemand Lust auf einen Gin?

## Lektion sieben

# Mit Gin und Verstand

*«The principal sin, Of Gin, Is, among others, Ruining mothers.»* \*

Anonym

*«Dieses Urteil ist ein wenig hart, denn Gin kann ein ausgesprochen erfrischendes Getränk sein. Wir wollen doch mal schauen, ob wir nicht etwas gegen seinen schlechten Ruf unternehmen können.»*

Cleo Rocos

Verderben der Mütter. Im Gin-Delirium. Ein nach Gin stinkender Säufer. Unter den alkoholischen Getränken hat Gin wirklich den allerschlechtesten Ruf. Das ist ein bisschen unfair, schließlich liegen all die Dinge, die diesen schlimmen Ruf begründet haben, fast 300 Jahre zurück. Ich persönlich habe es mir zur Regel gemacht, Fehltritte, die mit Alkohol zusammenhängen, weitaus schneller zu vergeben.

---

\* Dt. etwa: «Die Hauptsünde von Gin ist in erster Linie, dass er Mütter ins Verderben stürzt.» (Anm. d. Übers.)

Apropos vergeben – hier ist ein Tipp für alle Gastgeber, mit dem ich selbst immer sehr gut gefahren bin:

### *Nachsicht mit Betrunkenen*

Sollten Sie bei einem gesellschaftlichen Anlass Zeuge werden, wie jemand dem Getränkeangebot zu intensiv zugesprochen, die Regeln des stilvollen Trinkens ohne Reue außer Acht gelassen und sich gründlich danebenbenommen hat, dann vergessen Sie nicht: Wenn Sie dieser Person das nächste Mal begegnen, kann es gut sein, dass es ihr unendlich peinlich ist. Entschärfen Sie die Situation, indem Sie ihr etwas zu trinken anbieten. Wenn sie etwas Alkoholisches bestellt, heucheln Sie Überraschung und sagen: «Wirklich? Oh Darling, ich dachte immer, du wärst Abstinenzler.» Danach sollten Sie die betreffende Episode niemals wieder erwähnen. Wenn die Person sie selbst zur Sprache bringt, versichern Sie ihr, sie sei ein amüsanter und charmanter Gesellschafter gewesen und Sie könnten sich nicht an irgendwelche Entgleisungen erinnern. Und leihen Sie ihr eventuell dieses Buch.

Doch zurück zum Gin, der schon einige Partygäste über die Stränge schlagen ließ. Doch wenn wir ehrlich sind, gibt es weitaus schlimmere und schädlichere Getränke. Vorausgesetzt, dass man eine gute Marke wählt und sie auf die richtige Weise serviert, gehört Gin zu den erfrischendsten alkoholischen Getränken, die es gibt.

## FAQ: Was ist Gin überhaupt?

*Gin ist im Grunde genommen ein aufgemotzter Wodka* – ein farbloser, geruchloser Alkohol, der mit Kräutern und Gewürzen (den sogenannten Botanicals) aromatisiert wird. Seinen Geschmack erhält er vor allem von der Wacholderbeere, die ihm auch den Namen gibt: Gin leitet sich von *jenever*, dem holländischen Wort für Wacholder, ab.

### Wacholderbeeren

Die Wacholderbeeren im Gin haben auch einen gesundheitlichen Nutzen – sie fördern die Entwässerung des Körpers und unterstützen die Nierenfunktion. Wenn Sie sich aufgeschwemmt fühlen, trinken Sie abends einen kleinen Gin, und Sie werden am Morgen mit einem flacheren Bauch aufwachen. Neben den Wacholderbeeren enthalten die unterschiedlichen Ginsorten Dutzende verschiedener Kräuter und Gewürze. Ich habe im Abschnitt «Die Botanicals» ab Seite 125 einige davon aufgelistet, damit Sie auch deren medizinische Wirkung kennenlernen.

### Die Sache mit den Prozenten

Das Problem beim Gin ist, dass er so stark ist. Um die Aromastoffe zu binden, benötigt er einen höheren Alkoholgehalt als viele andere Spirituosen. Als Faustregel kann man sagen, dass ein anständiger Gin mit einem ausgewogenen Geschmack mindestens 40 Prozent haben muss, doch es sind auch Marken mit 60 Prozent erhältlich, die einem die Nähte platzen, das Hirn vibrieren und die Zunge absterben lassen. Das heißt zunächst einmal, dass man dieses Zeug nicht pur trinken sollte. Wie ich bereits ausgeführt habe, vermeide ich es nach Möglichkeit, Dinge mit einem Alkoholgehalt von mehr als 40 Vol.-% zu trinken. Das bedeutet natürlich nicht, dass man Gin nicht stilvoll und ohne Reue trinken kann. Mixen Sie ihn nach den Rezepten ab Seite 131 dieses Kapitels als Longdrink, dann können Sie den hohen Alkoholgehalt senken, ohne auf den exquisiten Geschmack verzichten zu müssen, mit dem sich die Hersteller so viel Mühe gegeben haben.

### Ganz ehrlich: Es ist wie eine Diät

Das Tolle am Gin: Er ist eine wunderbare Ergänzung, wenn man ein paar Pfunde loswerden will. Kombiniert mit den entsprechenden Fillern bekommen Sie Drinks, die wenig Zucker und wenige Kalorien enthalten. Wenn Sie die Tipps zu kalorienarmen Tonic-Marken verpasst haben – Sie finden sie weiter vorne in Lektion 2 auf Seite 35.

**FAQ:** Aber wenn dieses Getränk mehr oder weniger Medizin ist, warum hat es dann so einen schlechten Ruf?

Tja, wie bei allen alkoholischen Getränken kommt es auch beim Gin darauf an, die richtigen Produkte und die richtigen Marken zu kaufen. Ich will Ihnen eine kleine historische Anekdote über Gin erzählen. Sie spielt im 18. Jahrhundert, also war ich nicht persönlich dabei. Anders als eine verzweifelte junge Mutter namens Judith Defoe ...

## *Der traurige Fall der Judith Defoe*
### *Ein warnendes Beispiel*

Londons Slums wurden im 18. Jahrhundert von billigen, illegalen und oft tödlichen Gin-Varianten regelrecht überschwemmt. Das Getränk mit dem Wacholderaroma war in Holland als Magentonikum erfunden worden und kam mit Soldaten, die in den Vereinigten Niederlanden gekämpft hatten, nach England. Die Soldaten hatten den als «Dutch Courage» – also holländischen Mut – bekannten Trank probiert und seine wärmende Wirkung schätzen gelernt. Als der Niederländer Wilhelm von Oranien 1689 den Britischen Thron bestieg, fand das Getränk rasch Verbreitung, denn der Monarch liebte es so sehr, dass er jedem, der ihn darum bat, eine Alkohollizenz gewährte. Das hatte zur Folge, dass Gin spottbillig produziert werden konnte. Aus dieser Zeit stammt der Spruch «Betrunken für einen Penny, stockbesoffen für zwei».

Um 1730 stand uns Briten der Gin bis zum Hals, es war die Zeit, die heute als Gin-Krise bezeichnet wird. Die ärmeren Schichten der Londoner Bevölkerung versuchten, die Realität ihrer elenden und von Armut geplagten Existenz zu vergessen, indem sie pro Kopf durchschnittlich rund 65 Liter Gin pro Jahr in sich hineinschütteten. Alle Versuche der Regierung, den Alkoholverkauf zu erschweren, hatten lediglich zur Folge, dass er illegal gebrannt und mit giftigen Stoffen verschnitten wurde, die den Geschmack und Geruch von Gin imitieren sollten. Die Londoner tranken Alkohol, der versetzt war mit Terpentin (das ähnlich riecht wie Wacholder), Schwefelsäure (die «Wärme» und «Kick» bringen sollte, um den Geschmack von Alkohol zu imitieren), Ätzkali (um die Färbung durch die ganzen Toxine zu klären) und einer giftigen Beere mit dem Namen Cocculus Indicus, die die Trinker benommen machte und glauben ließ, sie seien betrunken. (Nebenbei bemerkt: Aus dieser Beere wird eine Salbe gegen die Krätze hergestellt, weil sie die verursachenden Milben lähmt. Schon das gibt einen Hinweis darauf, warum sie als Getränkezutat keine ideale Wahl war.)

Mitte des 18. Jahrhunderts hatte der Gin London fast in die Knie gezwungen. Man gab ihm die Schuld an sozialem Elend, steigender Kriminalität, Prostitution, Wahnsinn sowie steigenden Sterbe- und sinkenden Geburtenraten unter den ärmeren Londonern.

Er war auch für Morde verantwortlich, und hier kommt Judith Defoe ins Spiel. Im Jahr 1743 holte sie ihren zweijährigen Sohn aus dem Armenhaus ab, erwürgte ihn, warf die Leiche in einen Straßengraben und verkaufte seine Kleider für einen Shilling und vier Pennys, um sich von dem Geld Gin zu kaufen.

Der Fall sorgte in London für großes Aufsehen – hier hat die Phrase «Mother's Ruin» ihren Ursprung und der schlechte Ruf, den Gin seither genießt.

---

Eine schreckliche Geschichte, aber sie ist fast 300 Jahre her. Es ist wirklich an der Zeit, diesem Drink eine Stilvoll-trinken-Frischzellenkur zu verpassen, finden Sie nicht?

Heute wird Gin zwar nicht mehr mit Terpentin, Säure und Gift aromatisiert, aber Sie sollten dennoch ein wachsames Auge darauf haben, dass das, was Sie trinken, eine vernünftige Qualität hat und so gesund wie möglich ist. Schauen wir uns einmal an, worauf Sie achten sollten.

**FAQ:** Woran erkenne ich denn nun einen anständigen Gin?

Wie wir gelernt haben, ist es beim Wodka nicht besonders sinnvoll, sich in Unkosten zu stürzen, weil alle Wodkasorten, eiskalt serviert, ziemlich gleich schmecken. Beim Gin dagegen sieht die Sache ganz anders aus. Der Geschmack und die Qualität von Gin unterscheiden sich von Marke zu Marke deutlich. Hier sind ein paar Dinge, die Ihnen das Etikett verrät.

### Gin-Sorten

Als grobe Faustregel für die Wahl eines Gins, der von hoher Qualität ist, aber wenige Süßstoffe enthält, halten Sie Ausschau nach den Bezeichnungen «London Dry Gin» oder «Plymouth Gin» auf dem Etikett.

**London Dry Gin** sagt nichts darüber aus, wo der Gin hergestellt wurde, sondern es bedeutet, dass er zweimal destilliert wurde. «Dry» bedeutet, dass er sehr wenig Zucker enthält, was ihn zur besseren Wahl für gesunde Trinkgewohnheiten macht. Er passt gut zu Wermut, benutzen Sie ihn für Martinis oder einen zuckerarmen Gin Tonic.

**Plymouth Gin** ist ein klarer, leicht fruchtig schmeckender und sehr aromatischer Gin mit einem vollen Körper. Aufgrund der strengen gesetzlichen Vorgaben für diese Variante gibt es heute nur noch eine Brennerei – Plymouth, Coates & Co. –, die Plymouth Gin produzieren darf, der immer von ausnehmend hoher Qualität ist. Man genießt ihn am besten einfach auf Eis, eventuell mit einer Zitronen- oder Limettenspirale.

Andere Gin-Sorten, die man mit der gebotenen Vorsicht probieren kann:

**Old Tom Gin** ist etwas süßer als London Dry Gin, wird in England nach wie vor oft verkauft und in einigen Bars ausgeschenkt. Der Geschmack ist runder als bei London Gin, doch wenn eine Bar ihre eigene Hausmarke kreiert hat, sollten Sie zuerst herausbekommen, wie viel und welcher Zucker zugesetzt wurde, damit Sie sich beim Aufwachen nicht ein wenig wie die arme Judith Defoe fühlen.

**Genever oder Holland-Gin** ist die niederländische Variante. Er wird wie Whisky aus Gersten- oder Roggenmalz-Maische gebrannt und hat meist einen niedrigeren Alkoholgehalt, aber auch einen schärferen Geschmack als seine englischen Pendants. Am besten schmeckt er, wenn man ihn mit starken, süßen Aromen kombiniert, die nicht von seinem Geschmack erdrückt werden. Der bekannteste Genever-Cocktail ist «Sweet City», der mit rotem Wermut und Aprikosenbrandy gemixt wird, was ehrlich gesagt wie ein sicheres Rezept für einen Kater klingt.

**Sloe Gin oder Schlehenfeuer** wird aus den Früchten des Schlehdorns, Zucker und Gin hergestellt. Dieses Getränk sollte man wie einen Likör trinken und es dabei nicht übertreiben, weil der Zucker furchtbare Kopfschmerzen auslöst.

### Die Botanicals

Entscheidend für den Geschmack sind beim Gin die «Botanicals» – also all die zugesetzten Kräuter und Gewürze. Nach den gesetzlichen Vorgaben muss der Geschmack eines Gins in erster Linie von Wacholderbeeren bestimmt sein. Diese verströmen im Naturzustand den Geruch eines hübschen und sauberen Hamsterkäfigs, doch sie verleihen dem Gin seine charakteristische Pinien-Note.

Daneben gibt es eine Unzahl von Beeren, Borken, Samen, Schalen, Wurzeln und Blüten, die man hineinwerfen kann, um Geschmack zu bekommen. Fragen Sie den Barmixer, welche Botanicals in einem Gin drinstecken oder lesen Sie auf dem Etikett nach. Es gibt Hunderte von Varianten, doch ein Blick auf die Zutaten gibt Ihnen eine Vorstellung davon, was Sie in Ihrem Glas erwartet: die Frische von Orangen- oder Zitronenschale, die Süße der Heckenkirsche, warme Weihnachtsaromen von Zimt und Zimtkassie, blumige Noten von Lavendel oder Flieder, der Geschmack von Kräutern wie Salbei oder Koriander.

Es gibt keinen direkten Zusammenhang zwischen der Menge der aufgelisteten Botanicals und der Qualität und dem Preis des Endprodukts, doch ein guter Gin enthält in der Regel mehr als sechs Botanicals. Es gibt eine Marke mit dem Namen Monkey 47, in der tatsächlich 47 Botanicals verarbeitet sind, was ein bisschen nach Angeberei aussieht, aber er schmeckt tatsächlich sehr gut und hat außerdem ein hübsches Bild von einem Affen auf dem Etikett.

Die beste Methode zu entscheiden, welches der richtige Gin für Sie ist, besteht darin, in einen Pub oder eine Bar zu gehen und ein paar davon auszuprobieren, denn letztendlich kommt es auf den individuellen Geschmack und Gaumen an.

### Der Gin-Experte

Manche Bars haben allerdings bis zu 40 Gin-Sorten im Angebot, darum habe ich, um Ihnen Zeit zu sparen und Ihren Kopf zu schonen, die Hilfe eines Gin-Experten in Anspruch genommen, der Sie durch diesen Irrgarten führen kann. Hier sind einige beliebte Marken, empfohlen von Jake F. Burger, einem Gin-Historiker und Gin-Blender, der außerdem im Obergeschoss des Portobello Star Pub in Londons Portobello Road das Gin-Museum mit dem wundervollen Namen *The Ginstitute* betreibt (www.portobellostarbar.co.uk).

Die folgenden Marken sind seit Jahrzehnten feste Größen in der Gin-Welt, und das zu Recht, weil sie mit feinster Destillierkunst gebrannt werden:

**Plymouth** Ein einzigartig sanfter Gin, aber achten Sie auf den Alkoholgehalt, der bei der Variante in «Navy Strength» schwindelregende 57 Vol.-% beträgt. Ein großartiger Gin, aber in dieser Stärke haut er Sie von den Socken. Trinken Sie ihn als Longdrink.

**Beefeater** Von allen Gin-Sorten nach Art eines London Gin ist dies die einzige weltweit bekannte Marke, die tatsächlich bis heute in London gebrannt wird. Ein Gin von konstant guter Qualität mit 40 Vol.-%.

**Portobello Road Gin** Jakes eigene Marke mit 42 Vol.-% wurde am Ginstitute entwickelt und soll die Original-Qualitätsgins der Vergangenheit nachempfinden. Nach persönlicher Verkostung kann ich bestätigen, dass es sich um eine höchst angenehme Mischung aus neun Botanicals handelt – Wacholderbeeren, Zitronenschale, Bitterorangenschale, Koriandersamen, Veilchenwurzel, Engelwurz, Zimtkassie, Süßholz und Muskat. Man kann damit einen sagenhaften Martini kreieren. (Jakes Rezept finden Sie auf Seite 143.)

**Tanqueray** Tanqueray No. 10 kommt mit stürmischen 47,3 Vol.-% daher. Tanqueray's London Gin ist ein exzellentes Produkt. Beachten Sie jedoch die Angaben zum Alkoholgehalt auf dem Etikett, denn dieser variiert von Land zu Land. Die in Großbritannien verkaufte Version enthält 43,1 Vol.-% und ist sehr angenehm. In den USA sind es beeindruckende 47,3 Vol.-% und in Kanada und Australien 40 Vol.-% Alkohol.

Andere Marken zum Ausprobieren wären etwa:

**Citadelle** Ein hochreiner Brand ohne Zuckerzusatz.
**Death's Door Gin** Schmeckt mit seiner Mischung von Koriander und Fenchel besser, als der gruselige Name vermuten lässt.

**Finsbury London Gin** Nach einer Rezeptur, die im 18. Jahrhundert entwickelt wurde. In «Export Strength» hat er allerdings einen Alkoholgehalt von erstaunlichen 60 Vol.-%, darum sollten Sie mit Vorsicht zu Werke gehen und mit dem Taxi nach Hause fahren.

**Hendrick's** Mit Gurke und Rosenblättern destilliert. (Siehe auch die Anmerkung zum Garnieren auf Seite 130.)

**Old Raj 55 %** Ein mit Safran destillierter Gin, der von Barmixern sehr geschätzt wird und bei professionellen Degustationen regelmäßig hervorragend abschneidet. Wie der Name vermuten lässt, enthält dieser schottische Gin beachtliche 55 Vol.-% Alkohol.

**Sacred Gin** Ein weiterer guter London Gin, dessen Hersteller die wunderbare Idee hatten, ein Aromatisierungs-Set zu entwickeln, mit dem man seine ganz persönliche Hausmarke kreieren kann.

**Sipsmith** Im Jahr 2009 von Sam Galsworthy und Brennmeister Jared Brown auf den Markt gebracht. Ein weiterer außergewöhnlicher London Dry Gin, der aus englischem Gerstenalkohol und einer Kombination von zehn Botanicals gebrannt wird, darunter mazedonischer Wacholder, bulgarischer Koriander und Bitterorangenschale. Das Ergebnis ist ein besonders trockener Gin mit würziger Wacholdernote und einem Hauch von Zitronenkuchen.

In Ordnung, fangen wir mit den Grundlagen an. Wie wäre es mit einem schönen Gin Tonic?

## *Wie man einen stilvollen Gin Tonic mixt*

Wählen Sie Ihren persönlichen Favoriten nach den oben aufgelisteten Regeln und Geschmacksvarianten. Ich würde mich für einen schönen trockenen Premium-London-Gin mit um die 40 Vol.-% Alkoholgehalt entscheiden, damit Sie den Geschmack bekommen, ohne dass es Ihnen die Sinne benebelt.

**FAQ:** Und dann kaufe ich den billigsten Tonic, den ich im Supermarkt finde, oder? Schließlich ist es doch nur Wasser, also macht es sowieso keinen Unterschied.

Bitte sagen Sie mir, dass Sie Witze machen! Die Lektion über Tonic Waters war auf Seite 34. Wenn Sie eine billige, überzuckerte Marke kaufen, werden Sie unter den Folgen zu leiden haben. Außerdem: Warum sich die Mühe machen, einen Premium-Gin zu kaufen, nur um ihn dann mit einem billigen Mix zusammenzukippen, der zwei Drittel Ihres Getränks ausmacht? Ein gutes Tonic lohnt die Investition, um die unverfälschte Balance Ihres Drinks zu erhalten. Fentimans und Fever Tree Tonic Water gibt es in sehr guten kalorienarmen Varianten. Das Schöne an diesen Marken und besonders an der Eigenmarke von Waitrose ist, dass sie außerdem ihr Prickeln lange behalten und bis zum letzten Schluck ein spritziges und angenehmes Geschmackserlebnis garantieren.

**FAQ:** In Ordnung, jetzt habe ich also meinen Gin Tonic. Ich nehme an, jetzt werfe ich einfach eine Limettenscheibe und ein bisschen Eis rein, und das war's, oder?

Es ist Zeit für eine Lektion in Sachen Garnieren. Werfen Sie nicht einfach eine Limettenscheibe ins Glas. Was den Geschmack Ihres Gins angeht, kann die Wahl der richtigen

Garnitur den entscheidenden Unterschied ausmachen – und sie muss keine zusätzlichen Kalorien bedeuten.

Ein guter Anfang ist immer, sich zunächst einmal anzuschauen, welche Botanicals Verwendung fanden, um dem Gin sein charakteristisches Aroma zu verleihen. Dann kann man ein wenig herumexperimentieren, um etwas zu finden, das diese Geschmacksnoten ergänzt. Wenn ein Gin zum Beispiel von Zitrusnoten dominiert wird, funktionieren Zitrone und Limette gut, oder versuchen Sie zur Abwechslung einmal eine Scheibe Blutorange. Hat der Gin ein warmes pfeffriges oder auch ein würziges Aroma wie etwa Zimt, probieren Sie eine Spirale aus Grapefruitschale. Zum Portobello Road Gin etwa passt wunderbar eine Scheibe rote Grapefruit, die seinem würzigen Zimtkassien-Aroma einen Extra-Kick verleiht.

Ist der Gin hauptsächlich durch blumige Botanicals wie Kamille oder Heckenkirsche charakterisiert, probieren Sie es mit Erdbeeren. Bei trockenen London Gins sind frische Minzzweige einen Versuch wert.

Hendrick's wird mit Gurke gebrannt, ihn können Sie mit einer Gurkenscheibe statt mit einer Limettenscheibe garnieren. Wenn Sie romantisch und dekadent aufgelegt sind, können Sie auch gefrorene Rosenblätter zugeben (siehe das Rezept zum «Rosen Gin Tonic» auf Seite 133).

Eine Scheibe Fenchel oder Birne wirkt Wunder, um den Geschmack von Death's Door Gin so richtig zur Geltung zu bringen. Und wenn Sie einen Pink Gin trinken – Rezept siehe unten –, probieren Sie einmal einen Lavendelzweig. Ein paar Spritzer Orangenbitter mischen sich wunderbar mit einem Plymouth Gin; versuchen Sie das einmal in einem Martini (Rezept «Gin-Martini für Notfälle», Seite 140), das gibt den Extra-Kick.

Es gibt keine festen Regeln. Achten Sie lediglich darauf,

dass der Gin von guter Qualität und der Alkoholgehalt nicht zu hoch ist – und dass das Tonic Water so gesund wie möglich ist. Das garantiert Ihnen einen klaren Kopf am nächsten Morgen. Ansonsten geht es vor allem darum, den Geschmack zu entdecken, der Ihnen persönlich am meisten zusagt.

Die besten Resultate erzielen Sie, wenn Sie meine Eis-Tipps aus Lektion 1 (Seite 21) befolgen und nur sauberes, klares Eis benutzen. Bei Gins mit mehr als 40 Prozent Alkohol können Sie Ihr Durchhaltevermögen erhöhen, indem Sie sie mit Crushed Ice servieren. Dieses schmilzt schneller und senkt so den Gesamtalkoholgehalt.

> *«Früher bin ich auch gejoggt, aber da sind mir immer die Eiswürfel aus dem Glas gesprungen.»*
> David Lee Roth

Also los – lassen Sie uns ein paar Gin-Cocktails auf Stilvoll-trinken-Linie bringen!

### *Stilvoller Pink Gin Tonic*

3,5 cl London Dry Gin
Waitrose Tonic Water, zuckerfrei
Einige Tropfen Angosturabitter
Lavendelzweig oder eine Handvoll gefrorene Himbeeren
Eis

Bitter auf das Eis tropfen, den Gin hinzufügen und mit Tonic Water auffüllen. Mit dem Lavendelzweig einige Male umrühren oder die Himbeeren hineingeben und servieren.

## *Tanqueray*

5 Scheiben Salatgurke
1 ungeschälte Limette, geachtelt
(das bittere weiße Mark in der Mitte entfernen)
Eine Handvoll frische Kräuter (ich bevorzuge eine
Mischung aus Basilikum, Zitronenthymian,
Estragon, Lavendel, Minze und einem Hauch Rosmarin)
5 cl Tanqueray London Dry Gin
Waitrose Tonic Water, zuckerfrei
1 Prise Salz
Frisch gemahlener Pfeffer

Gurken, Limette und Kräuter in einen Krug geben, mit dem Stößel drücken, bis Saft und Aroma austreten. Tanqueray zugeben und umrühren. Eis hinzufügen, mit Tonic Water auffüllen und nochmals umrühren. In ein Pintglas gießen, das mit einem Salz- und Pfefferrand versehen wurde. Mit Gurkenscheiben und frischen Kräutern garnieren.

## *Sommer Gin Tonic*

3,5 cl Gin
4 Tropfen Grapefruitbitter
Waitrose Tonic Water, zuckerfrei

Eis in ein Longdrinkglas geben, Bitter und dann Gin dazu, mit Tonic Water auffüllen.

## *Rosen Gin Tonic*

¹/₂ Liter gefiltertes Wasser
1 Handvoll Rosenblätter, gewaschen und zerpflückt
5 cl Hendrick's Gin
Gurke
Waitrose Tonic Water, zuckerfrei

Das gefilterte Wasser in eine Eiswürfelschale gießen, die gewaschenen Rosenblätter hineinstreuen und über Nacht im Eisfach gefrieren lassen. Dann ein Glas mit den Rosenwürfeln füllen und mit Hendrick's Gin einen Gin Tonic zubereiten. Mit Gurkenscheiben garnieren. Hendrick's wird mit Gurken und Rosenblättern hergestellt, die Garnituren unterstreichen also lediglich die vorhandenen Aromen – und sie sehen ziemlich schick aus, falls es jemanden gibt, den Sie beeindrucken möchten.

## *Zuckerreduzierter Gimlet-Martini*

Saft einer frisch gepressten Limette
1 Spritzer Bio-Agavensirup
5 cl Plymouth Gin
Limettenspalten
1 Schuss kaltes Wasser

Ein hohes Mixingglas mit Eis füllen, Limettensaft und Gin zugeben, einen Schuss kaltes Wasser zufügen, umrühren und in ein Martiniglas abseihen. Mit Limettenspalten dekorieren. Viele Rezepte verwenden Lime Juice Cordial statt frischem Limettensaft mit Bio-Agavensirup. In diesem Fall sollten Sie sich den

Zuckergehalt des Fillers anschauen, bevor Sie ihn benutzen, damit Sie keine versteckten Kalorien zu sich nehmen. Viele Marken dieser Fertigprodukte sind mit Lebensmittelfarbe in einem grellen Grün eingefärbt und enthalten bergeweise Süßstoffe.

Der Spitzname «Limeys» für Briten kommt von *lime* wie Limette – er hat seinen Ursprung darin, dass es früher auf englischen Schiffen üblich war, Zitrussäfte mitzuführen, um die Seeleute mit Vitamin C zu versorgen und Skorbut vorzubeugen. In vielen Lime Juice Cordials ist allerdings aufgrund des Herstellungsverfahrens der Vitamin-C-Gehalt nur sehr gering. Es ist viel besser, frische Limetten zu verwenden, die man heute das ganze Jahr über bekommen kann, und dem Ganzen mit einem Spritzer Bio-Agavensirup eine gesunde und natürliche Süße mit niedrigem Glykämischem Index zu verleihen.

### *Zuckerreduzierter Beefeater Florida 75*
*(Variation des Rezepts auf der Beefeater-Webseite*
*www.ginandtales.com)*

4 cl Beefeater 24 Gin
2 cl frisch gepresster Pink-Grapefruit-Saft
1 cl Bio-Agavensirup
Brut- oder Ultra-Brut-Champagner
Grapefruitschale

Gin, Grapefruitsaft und Agavensirup mit Eis schütteln, in eine Champagnerflöte abseihen, mit trockenem Champagner auffüllen und mit einer Grapefruitspirale garnieren.

## *Zuckerreduzierter Citrus Crush*
*(Variation des Rezepts auf der Beefeater-Webseite www.ginandtales.com)*

5 cl Beefeater Gin
2 cl frisch gepresster Zitronensaft
1 Spritzer Bio-Agavensirup
Eis

Geben Sie alle Zutaten mit Eis in einen Mixer. Das senkt den Alkoholgehalt des doppelten Gins und verlängert den Drink. Für einen richtigen Longdrink geben Sie die Zutaten nicht in den Mixer, sondern in ein Longdrinkglas und füllen Sie mit zwei Shots zuckerreduziertem Tonic Water auf.

Eine andere Variante ist, noch Obst mit in den Mixer zu geben und sich einen fruchtigen Smoothie zuzubereiten. Behalten Sie dabei aber immer die Basis aus zwei Shots Gin, Zitronensaft und Bio-Agavensirup bei, die Ihnen einen erfrischenden Kick garantiert. Kombinieren Sie sie mit ein paar Scheiben Wassermelone oder mit Erdbeeren – Früchte sind viel gesünder als Fruchtliköre.

Sie können auch mein Rezept einer «Margarita für den gepflegten Rausch» nehmen und den Tequila durch Gin ersetzen:

5 cl London Gin
Saft von zwei frischen Limetten
1 Spritzer Bio-Agavensirup

Die Zutaten mit Eis schütteln und mit Minze garnieren. Achten Sie aber auf den Alkoholgehalt des Gins. Ich kann nicht für katerfreies Trinken garantieren, wenn Sie anfangen, sich mit diesem Cocktail den 57-prozentigen Stoff hinter die Binde zu kippen.

## *Lemon Ice Tea*

5 cl London Gin
7,5 cl English Breakfast Tee (ich muss hoffentlich nicht hinzufügen, dass weder Milch noch Zucker hineinkommt)
1,5 cl Bio-Agavensirup
Saft einer halben Zitrone

Ein Glas mit Eis füllen, Tee, Agavensirup und Gin zugießen, umrühren. Frischen Zitronensaft nach Geschmack zugeben und trinken.

Die nächsten drei Rezepte schmecken ausgezeichnet mit einem schottischen Gin namens Caorunn, der mit den Botanicals Heidekraut, Gagelstrauch, Löwenzahn und Coul-Blush-Apfel gebrannt wird.

## *Caorunn Apple Twist*

5 cl Caorunn Gin
10 cl Apfel-Direktsaft
20 cl Fentimans Tonic Water

Eiswürfel in ein Glas füllen, Gin, Apfelsaft und danach Tonic Water zugießen. Dünne Apfel- und Zitronenscheiben dazugeben und umrühren.

## *Caorunn Apple Smash*

5 cl Caorunn Gin
20 cl Fentimans Tonic Water
$1/4$ roter Apfel
$1/4$ grüner Apfel
2 Gewürznelken

Caorunn Gin in einen Cocktailshaker geben und die geviertelten Äpfel darin mit dem Stößel zerdrücken. Nelken zugeben und schütteln. In ein mit Eiswürfeln gefülltes hohes Glas abseihen und mit Tonic Water auffüllen.

### *Caorunn Blush*

5 cl Caorunn Gin
20 cl Fentimans Tonic Water
2 Spritzer Angosturabitter

Gin, Tonic Water und Angostura in ein Glas mit Eiswürfeln geben, dünne Apfel- und Zitronenscheiben zufügen und umrühren.

### Lagerung von Gin

Wie bei Wodka können Sie Ihre Flaschen ins Gefrierfach schieben, um sie zu kühlen. Gin friert nicht ein. Ebenfalls wie beim Wodka sollten Sie die Flasche gut verschlossen halten, um Verdunstung zu vermeiden.

**FAQ:** Was soll ich machen, wenn ich eine Flasche Gin habe, der ein wenig rau schmeckt? Einfach wegwerfen?

Wenn man Ihnen eine Flasche Gin geschenkt hat, der rau schmeckt, lassen Sie ihn durch einen Wasserfilter laufen. Er wird hinterher deutlich weicher schmecken. Diese Methode funktioniert auch, wenn Ihnen jemand eine Flasche seines rauen hausgemachten Schlehenlikörs verehrt und dann wartet, bis Sie davon gekostet haben.

### Gin servieren

Traditionell muss es ein hohes Glas sein, doch probieren Sie auch einmal Gin Tonic in einem großen Ballonglas. Darin behält das Tonic Water länger sein Prickeln, und die Garnitur kann ihr Aroma besser in den Drink abgeben.

### Einen Gin-Martini mixen

*«Für einen perfekten Martini fülle man ein Glas mit Gin und winke damit grob in Richtung Italien.»*
Noël Coward

Es gibt Menschen, die der Meinung sind, einen Martini dürfe man nur mit Gin zubereiten und jeder Wodka-Martini sei ein schändlicher Etikettenschwindel. Ich persönlich trinke beide Varianten gerne. Aber der Gin-Martini ist das Original, also wollen wir uns einmal genauer anschauen, wie man ihn zubereitet.

Das erste, was man sich beim Thema Gin-Martini vor Augen führen muss, ist die Stärke des Gins. Wenn Sie also die folgenden Rezepte mit einem Gin zubereiten, der mehr als 40 Prozent hat, dann sollten Sie das Ergebnis nur dann konsumieren, wenn Sie sich nicht irgendwo in der Öffentlichkeit befinden und auch für den Rest des Tages mit niemandem mehr wichtige Gespräche führen müssen. Ein solcher Drink eignet sich auch ausgezeichnet, wenn Sie gerade mit jemandem Streit hatten und dieser Person schnell etwas einschenken wollen, damit sie den Mund hält und sich beruhigt. Oder wenn jemand, den Sie nicht sonderlich schätzen, zu Besuch ist und Sie nichts dagegen hätten, wenn er sich recht bald im Gästezimmer zur Ruhe bettet.

## *Gin-Martini für Notfälle*

5 cl Gin (direkt aus dem Eisfach)
Ein winziger Tropfen trockener Wermut
Zitronenrinde

Tropfen Sie einfach den Wermut in den Gin, rühren Sie um und servieren Sie. Dieser Drink schmeckt am besten eiskalt. Er behält seine ideale Temperatur etwa vier Minuten lang, also sollte man ihn rasch trinken. Zwei davon dürften ausreichen, selbst den unwillkommensten Gast in einen gottgefälligen Schlummer sinken zu lassen.

Wie ein mit Wodka bereiteter Martini ist auch dieser Drink absoluter Raketentreibstoff.

Mein Rat wäre, nicht mehr als zwei davon pro Abend zu konsumieren, denn wie Dorothy Parker einst bemerkte: «I like to have a Martini, two at the very most. / After three I'm under the table, after four I'm under my host.»*

Es gibt eine Methode des Martinitrinkens, die nicht zur Folge hat, dass Sie der Länge nach auf dem Flokati enden. Schauen wir uns einmal an, wie man ihn etwas weniger stark zubereiten kann.

---

* Ich trinke gerne einen Martini, höchstens aber zwei. Nach dreien liege ich unter dem Tisch, nach vier unter dem Gastgeber.

## *Gin Martini für den gepflegten Rausch*

5 cl London Dry Gin mit nicht mehr als 40 Vol.-% Alkohol,
z. B. Beefeater
3 cl Wermut
Zitrone oder Olive zum Garnieren

Diese Variante senkt den Alkoholgehalt des Martinis, weil ein schwächerer Gin benutzt wird, außerdem liefert sie einen «feuchteren» Martini – das heißt, sie verringert den Anteil an Gin und hat dafür mehr Wermut. Wermut enthält nur 15 Prozent Alkohol, also senkt ein größerer Wermutanteil den Gesamtalkoholgehalt. Ich weiß – bei Wodka-Martinis war mein Rat, nur einen Hauch Wermut zuzugeben, doch weil Gin einen weitaus stärkeren Geschmack hat, kann man in diesem Fall ruhigen Gewissens ein bisschen mehr Wermut und ein bisschen weniger Gin in die Mischung geben, um seine Ausdauer zu erhöhen.

Schüttelt man die Mischung mit Eis in einem Cocktailshaker, wird es noch besser. So wird das Eis weiter verdünnt, was noch einmal ein oder zwei Prozentpunkte gutmacht. Wenn Sie zu Hause eine Dinnerparty geben, dann mixen Sie eine Menge, die für jeden einen Cocktail ergibt, gießen Sie jedem Gast eine halbe Portion in sein Glas, damit er daran nippen kann, und nach ein paar Minuten, wenn das Eis angefangen hat zu schmelzen, gießen Sie aus dem Shaker nach.

Auf diese Weise zubereitet, können Sie über den Abend verteilt drei Martinis trinken und lediglich die gleiche Menge Alkohol zu sich nehmen wie mit zwei raketengetriebenen Martinis direkt aus dem Eisfach. Um der schwächeren

Gin-Mischung einen Extra-Kick zu geben, probieren Sie es mit ein paar Spritzern Bitter mit verschiedenen Aromen.

**FAQ:** Da ich immer nur einen Tropfen Wermut zugebe, ist die Flasche in meinem Schrank schon seit Jahren im Gebrauch. Ist das o.k.?

Nein.

Wermut ist ein Wein. Darum darf man nicht vergessen, dass er auch verdirbt wie ein Wein. Sie sollten also in eine Vakuumpumpe investieren. Oder den Wermut nach einem Monat wegschütten, allerhöchstens nach drei Monaten, wenn Sie ihn im Kühlschrank lagern. Wenn eine Bar damit wirbt, dass sie seit Ewigkeiten dieselbe Wermutflasche benutzt, weil sie ihre Drinks dort so trocken servieren, dann lassen Sie um Himmels willen die Finger davon. Das Zeug ist schon seit Jahren verdorben.

### Cocktails des 19. Jahrhunderts

Die «feuchtere» Martini-Variante entspricht der Art, wie er ursprünglich serviert wurde – in alten Rezepten kann man nachlesen, dass ein Martini früher den schwächeren Wermut und Gin zu gleichen Teilen enthielt.

Hier ist ein Originalrezept für einen Gin-Martini aus *Jerry Thomas' Bartenders Guide*, der im 19. Jahrhundert *das* Standardwerk für Barkeeper war. Sie können es kostenlos online lesen, oder gehen Sie zu Jake ins Ginstitute. Wenn Sie hübsch freundlich fragen, lässt er Sie gerne in seinem Exemplar blättern.

## *Original Gin-Martini*

2 oder 3 Spritzer Gomme Sirup
2 oder 3 Spritzer Bitter
1 Spritzer Curaçao oder Absinth
1/2 Weinglas Old Tom Gin
1/2 Weinglas Wermut

Mit einem Löffel gut umrühren, in ein gekühltes Cocktailglas abseihen, eine Kirsche oder eine mittelgroße Olive hinzufügen, ein Stück Zitronenschale darüber ausdrücken und servieren.

Absinth *und* Gin? Der Bursche hat keine halben Sachen gemacht, wenn es ums Trinken geht. Hier ist eine moderne Variante dieses Drinks für den gepflegten Rausch:

## *Ein 19.-Jahrhundert-Martini für den gepflegten Rausch*
### *(mit Dank an Jake Burger)*

2 oder 3 Spritzer Bio-Agavensirup
2 oder 3 Spritzer Bob's (Abbot's) Bitter
1 Shot London Dry Gin
1 Shot Wermut

Mit einem Löffel gut umrühren, in ein gekühltes Cocktailglas abseihen, mit Orangenschale servieren.

Bob's Bitter kann man übrigens bei www.thewhiskyexchange.com bestellen. Dieser Bitter ist eine moderne Rekonstruktion von Abbot's Bitter, der im 19. Jahrhundert verkauft und von Barkeepern benutzt wurde. Er wurde entwickelt von Robert Petrie, dem Pâtissier des renommierten Dorchester Hotel in London, und Jake Burger vom Ginstitute, der eine ungeöffnete Flasche Abbot's Bitter aus dem Jahr 1920 kaufte und es schaffte, ihren Inhalt mit Hilfe von Gaschromatographie zu analysieren. Alles sehr kompliziert, doch die gute Nachricht für uns alle ist, dass wir nichts weiter tun müssen, als ein paar Tropfen in einen Cocktail zu geben, um historische Geschmacksnoten wiederauferstehen lassen zu können.

Whisky Exchange liefert seine Produkte weltweit und hat auch eine Reihe von aromatisierten Bitters wie Grapefruit oder Orange im Sortiment, mit denen man in seinen Drinks die Zitrus-Liköre ersetzen kann, um den Zuckergehalt zu reduzieren. Sie kosten alle weniger als 25 Euro und halten jahrelang.

*«Martini. Geschüttelt, nicht gerührt.»*

James Bond

*«James Bond mag ja vieles sein, aber von stilvollem Trinken ohne Reue versteht er nicht viel. Wenn man sich anschaut, wie er seinen Martini trinkt, dann ist es kein Wunder, dass er in seinen Filmen die Hälfte der Zeit auf dem Rücken liegt.»*

Cleo Rocos

## *Der Vesper Martini à la James Bond*

5 cl London Gin
1,5 cl Wodka
5 ml Lillet Blanc (ein französischer Wermut,
der aus Weißwein und Obstlikören hergestellt wird)
Zitronenschale zum Garnieren

Und wahrscheinlich ein Aspirin oder zwei am nächsten Morgen. Immerhin, eine Konzession ans stilvolle Trinken ohne Reue hat unser Held gemacht: Durch das Schütteln bringt er den Alkoholgehalt um einen oder zwei Prozentpunkte nach unten, was vermutlich der Grund dafür war, dass er seine Lizenz zum Töten behalten durfte.

**FAQ:** Was mache ich mit wirklich schlechtem Gin, der auch durch Filtern nicht besser wird?

Werfen Sie ihn nicht weg. Gin – selbst wenn es sich um wirklich raues Zeug handelt – ist ein exzellentes Reinigungsmittel für Brillantschmuck, wie bei Garrard in der Londoner Bond Street, dem Lieblingsjuwelier Ihrer Majestät, festgestellt wurde. Wobei man sich schon unwillkürlich fragt, wie es zuging, dass Gin und Juwelen im königlichen Haushalt miteinander in Kontakt kamen.

*«Das einzige Mal, dass mir Bügeln Spaß machte,
war, als ich mein Dampfbügeleisen aus Versehen mit
Gin gefüllt hatte.»*

Phyllis Diller

*«Von allen Kaschemmen der ganzen Welt kommt sie
ausgerechnet in meine.»*
Humphrey Bogart

*«Tja, der Kniff ist, dass man die Kaschemme auch
wieder mit aufrechtem Gang verlassen kann, Mr. B.»*
Cleo Rocos

Ich schau dir in die Augen, Kleines. Nun haben wir den Gin also abgehandelt. Hat jemand Lust auf einen Whisky zum Nachspülen?

*Lektion acht*

# Weisheiten über Whisky

(Und wie man «Die Nacht der lebenden Schnapsleichen» überlebt)

*«Ich hatte 18 Whisky pur. Ich glaube, das ist ein Rekord!»*
Dylan Thomas' letzte Worte

*«Tja, vielleicht sollten Sie im Jenseits einmal die Methode versuchen, die ich hier beschreibe.»*
Cleo Rocos

Ich hatte einige wundervolle Erlebnisse mit Whisky. Der unvergleichliche Kenny Everett liebte es, wenn wir mit viel Spaß dabei waren, Sketche für seine Show zu drehen, einen Cragganmore pur zu trinken. Und ich erinnere mich an einen magischen Abend, an dem ich mit Gore Vidal zu Melodien aus Ethel-Merman-Musicals die Beine schwang, während wir in Ravello seine Whiskysammlung verkosteten. Doch dazu später mehr.

Zuerst die schlechte Nachricht. Der Alkoholgehalt von Whisky liegt bei mindestens 40 Prozent, und er enthält darüber hinaus mehr katerverursachende Substanzen als klare Spirituosen wie Wodka oder Gin. Wenn man also Whisky trinkt, kann das durchaus in einem Horrorszenario enden.

*Ein richtiger Whisky-Kater ist ein echter Horrortrip für den Körper.* Er ist entsetzlich. Ich hatte das Glück, nachdem ich einige der edelsten Whiskys der Welt probiert hatte, ziemlich ungeschoren davonzukommen, doch wenn Sie einen ganzen Abend lang Whisky trinken, werden Sie am nächsten Morgen aufwachen und sich fühlen, als würde Ihr halbes Gehirn noch am Kissen kleben und ein toter Esel in Ihrer Kehle verwesen. Whisky ist, als würde man ein paar Runden gegen Muhammad Ali boxen – mit dem Unterschied, dass er nicht nur Ihre Geschmacksknospen «sticht wie eine Biene», sondern am nächsten Morgen auch noch wie ein Rhinozeros auf Ihrem Kopf herumtrampelt.

Wenn Sie sich nicht auf ein oder zwei Gläser beschränken, haben Sie keine Chance, dem dicken Ende am nächsten Tag zu entgehen. Und ganz ehrlich: Wer will das schon?

Das Hauptproblem bei der Sache ist das Mantra der Whisky-Enthusiasten, die darauf bestehen, dass es nur eine richtige Art und Weise gibt, Whisky zu trinken:

*Pur.*

Das war's.

Whisky-Fans behaupten, man müsse einen Schluck Whisky in ein Glas gießen und heftig darin herumschwenken, bevor man dann das Ganze auf den Teppich kippt. So würden «Unreinheiten» beseitigt. Danach schenkt man sich einen weiteren Schluck ein.

Anschließend soll man seine Nase ins Glas stecken und mindestens dreimal tief inhalieren, bevor man einen kleinen Schluck nimmt und ihn für jedes Jahr, das der Whisky auf dem Buckel hat, eine Sekunde lang auf der Zunge behält.

Dann, und keinen Augenblick früher, darf man ihn herunterschlucken.

Ich habe die Erfahrung gemacht, dass Whisky-Puristen

sehr ungehalten werden, wenn man von dieser Prozedur abweicht. Sie blicken missbilligend, wenn man Eis ins Glas gibt, und bekommen Schnappatmung bei dem Gedanken, Soda oder irgendwelche Filler ins Spiel zu bringen. Sie gestatten allenfalls, dass man einen winzigen Tropfen gefiltertes Wasser in den Whisky gießt.

*Ignorieren Sie diese Menschen.*

Trinken Sie den Whisky so, wie Sie wollen. Es ist Ihr Drink, und es ist Ihr Kopf. Wenn man schon einen Kater bekommt, dann sollte man wenigstens Spaß dabei haben, wenn man ihn sich erarbeitet.

Sie würden vermutlich auch nicht dulden, dass jemand sich neben Ihren Frühstückstisch stellt und Ihnen sagt, wie Sie Ihren Toast machen sollen, oder? Sie trinken Ihren Tee so, wie er Ihnen schmeckt. Würden Sie auf jemanden hören, der bei Ihnen zu Hause auftaucht und Ihnen erzählt, welches Gemüse Sie zu Ihrem Sonntagsbraten essen dürfen, damit dieser ein optimales Geschmackserlebnis garantiert? Nein. Warum sollte man sich also beim Thema Whisky lammfromm irgendwelche Regeln diktieren lassen?

Beim Trinken geht es darum, sich gut zu fühlen, zu entspannen und Spaß zu haben. Nicht darum, sich Vorträge anzuhören. Abgesehen davon können sich die Whisky-Experten nicht einmal darauf einigen, wie ihr Lieblingsgetränk geschrieben wird, ganz zu schweigen davon, wie man es konsumieren sollte. Die eine Hälfte behauptet, es werde «Whiskey» geschrieben, die andere Hälfte plädiert für «Whisky». Für das Protokoll sei an dieser Stelle festgehalten, dass Whisky in der Regel die Marken bezeichnet, die in Schottland, Wales, Kanada und Japan gebrannt wurden, im Rest der Welt heißt es «Whiskey». Zumindest war es so zu der Zeit, als dieses Buch geschrieben wurde. Mittlerweile hat wahrscheinlich wieder jemand eine andere Regel aufgestellt. Nur für den Fall, dass meine Schreibung jemandem missfällt, sind hier ein paar zusätzliche E, die jeder, der möchte, ausschneiden und in den weiteren Text einsetzen kann: eeeeeeeeeeeeeeeeeeeeeeeeeeeeeeeeeeeeeeeeeeeeeeeeeeeeeeeeeeeeeeee.

Während Sie damit beschäftigt sind, schenke ich mir erst einmal einen Drink ein.

Zuallererst: Whisky auf den Teppich zu kippen ist eine dumme Idee. Es reicht völlig, wenn Sie das Glas, aus dem Sie trinken wollen, gründlich mit Wasser ausspülen und anschließend abtrocknen, dann kann der Geschmack des Whiskys sich ungestört entfalten.

Auf Leute, die ungehobelt genug sind, Whisky auf Ihren Teppich zu kippen, sollten Sie grundsätzlich nicht hören. Whisky kostet Geld und eine Teppichreinigung ebenfalls. Und ehrlich gesagt ist es ziemlich unhöflich, den Polstermöbeln die gleichen Getränke zu kredenzen wie seinen Gästen. Zweitens, sollten Sie je in eine Diskussion mit einem Whisky-Puristen verwickelt werden, machen Sie sich keine Sorgen – sie wird nicht lange dauern. Er wird ziemlich bald nicht mehr in der Lage sein, mit Ihnen zu streiten, weil er sich auf direktem Weg in die Katerhölle befindet.

Legen Sie einfach los und genießen Sie es. Sie müssen nicht dasitzen und Ihre Nase eintauchen. Trinken Sie. Schauen Sie, ob es Ihnen schmeckt. Eigentlich ganz einfach.

Jetzt wollen wir die Puristen einmal so richtig ärgern. Lassen Sie uns die ehernen Gesetze umstoßen und dem Whisky eine Frischzellenkur für stilvolles Trinken ohne Reue verpassen.

*Machen Sie es beim Whiskytrinken wie die Japaner.*

Japaner lieben Whisky. Sie trinken ihn als Aperitif, beim Essen und nach den Mahlzeiten als Digestif, und trotzdem bleiben sie anmutig und graziös und können problemlos in ihren Kimonos nach Hause tippeln. Auch wenn manche dieser Geisha-Mädchen aussehen, als hätten sie ihr Make-up nach ein paar kräftigen Schlucken aufgelegt.

Ihre Tradition ist es, den Whisky nicht pur, sondern als *Mizuwari* zu trinken.

Mizuwari bedeutet «mixed with water», und das heißt in der Regel, dass zwei Teile kaltes Wasser mit einem Teil einer Spirituose gemischt werden, plus Eis. Also kurz gesagt so ziemlich alles, was die Whisky-Puristen aufschreien lässt. Aber es schmeckt köstlich.

Außerdem hat Mizuwari den Vorteil, dass es sich ausgezeichnet für jüngere, weniger teure Whiskys eignet, sodass es nicht nur in Ihrem Kopf, sondern auch in Ihrer Brieftasche weniger Schaden anrichtet.

Probieren Sie dieses Rezept für einen Whisky Mizuwari einmal aus. Ich habe dafür einen wunderbaren, 17 Jahre alten japanischen Whisky namens Hibiki genommen, der rund 110 Euro pro Flasche kostet und 42 Prozent hat.

## *Whisky Mizuwari*

2,5 cl 17 Jahre alter Hibiki Whisky
5 bis 7,5 cl kaltes Mineralwasser
2 große Eiswürfel aus gefrorenem Mineralwasser oder eine Eiskugel*
(*Für Tipps zum Thema Eis blättern Sie zurück auf Seite 21)

Das traditionelle japanische Ritual zur Herstellung von Mizuwari sieht vor, dass man den Whisky über das Eis gießt, 13 ½-mal im Uhrzeigersinn umrührt, dann das Wasser zugibt und weitere dreieinhalbmal in die entgegengesetzte Richtung rührt, um alles gut zu vermischen.

Wie oft Sie die Mischung im Kreis bewegen wollen, müssen Sie selbst entscheiden, aber zumindest sollten Sie ein paarmal schnell durchrühren, dann werden Sie ein wundervolles kühles Getränk bekommen, das das Aroma des Whiskys erhält, aber jünger und frischer schmeckt, den Kopf weniger belastet und sich viel, viel besser als Getränk zum Essen eignet. Es passt wunderbar zu Fisch, Fleisch und Lamm. Auch wenn Puristen die Vorstellung hassen, ihr Lieblingsgetränk zu verwässern – wird der Whisky auf diese Weise serviert, nimmt man ihm das Brennen auf der Zunge und bringt die leichteren Geschmacksnoten nach Kirsche und Karamell besser zur Geltung.

Und obendrein kann er, wenn man ihn so als kühlen, stärkenden Longdrink nippt, gut und gern eine Stunde lang vorhalten, und auf diese Weise wird ein Abend mit Whisky weit weniger Schaden in Ihrem Kopf anrichten. Ich habe mit Barkeepern gesprochen, die offen zugeben, dass sie eine zweistellige Zahl solcher Drinks an einem Abend gut überstanden haben.

Andere japanische Whiskys, die sich exzellent für Mizuwari eignen, sind etwa *12 Jahre alter Yamazaki* und *12 Jahre alter Hakushu*.

Beide kosten weniger als 90 Euro, und man bekommt 28 Shots aus jeder Flasche, das sind, wenn man ihn wie beschrieben serviert, 28 Longdrinks, was keine allzu große Belastung für das Portemonnaie darstellen dürfte.

Man kann statt Wasser auch die gleiche Menge Ginger Ale zugeben und dem Ganzen mit einer Orangenspalte einen originellen Dreh geben. Schauen Sie aber auf das Etikett, denn manche Ginger-Ale-Marken sind stark gezuckert, was Katergefahr und einen dickmachenden Drink bedeutet. Ich empfehle Naturally Light Ginger Beer.

**FAQ:** Und was ist mit Whisky und Cola? Das ist doch ein guter Filler, oder? Außerdem wirkt es männlich.

Du lieber Himmel, nein! Absolut nicht. Zu Cola sollten Sie immer nein sagen. Egal welche Marke, egal ob Diät oder Light oder was auch immer.

Cola überdeckt nicht nur den Geschmack des Whiskys, sondern enthält auch so viel Zucker und Chemikalien, dass Sie sich damit definitiv einen Kater ins Glas füllen. Die Entscheidung liegt natürlich bei Ihnen, aber die meisten Barkeeper zucken innerlich zusammen, wenn sie Ihnen dieses Gesöff servieren, weil sie wissen, wie Ihr Morgen aussehen wird.

Die einzige Gelegenheit, bei der es akzeptabel ist, Whisky mit Cola zu mixen, ist, wenn Sie es für jemanden zubereiten, den Sie absolut nicht ausstehen können.

**FAQ:** Wie sollte ich meinen Whisky lagern?

Auch hier werden die Puristen mich wahrscheinlich dafür verfluchen, es auch nur auszusprechen, aber außer der üblichen Variante, den Whisky in Ihren Spirituosenschrank zu stellen, schlagen manche Avantgarde-Mixologen vor, man solle ruhig einmal versuchen, ihn im Gefrierfach aufzubewahren. So kann man einen eiskalten Schluck probieren, um sich mit dem Geschmack vertraut zu machen, der sich langsam entfalten und öffnen wird, während der Drink sich erwärmt. Ein kalter Whisky entfaltet andere Geschmacksnoten als ein Whisky bei Zimmertemperatur. Ein schöner Nebeneffekt dieser Vorgehensweise ist, dass es so weniger wahrscheinlich ist, dass Teenager oder einquartierte Schmarotzer Ihre Flaschen finden und sich daran gütlich tun.

Das Rezept für den folgenden Stilvoll-trinken-Cocktail

wurde von dem führenden Mixologen Zoran Peric eigens für dieses Buch entwickelt. Zoran war auch so freundlich, mich in die Regeln und Rituale des Mizuwari einzuweihen. Auch hier können Sie Ihren Geldbeutel schonen, denn dieses Rezept schmeckt ebenso gut mit einem nicht ganz so teuren Whisky. Zoran empfiehlt den 12 Jahre alten Hakushu.

### *Holunderblüten-Whisky*

Gekühlter Tumbler
2 große Stücke Eis
3,5 cl Belvoir Holunderblütensirup
5 cl 12 Jahre alter Hakushu Whisky
Sodawasser
Zitronenzesten
Holunderblütenzweig

Das grob zerstoßene Eis in den Tumbler geben, mit einem Schuss des Belvoir Holunderblütensirups und dem 12 Jahre alten Hakushu Whisky überziehen. Das Glas mit Sodawasser auffüllen und mit Zitronenzesten und Holunderblüten garnieren. Das Ergebnis ist ein Sommertag im Glas, aber nur minimale Hitze für Ihren Kopf am nächsten Morgen.

*«Liebe macht, dass die Welt sich dreht? Durchaus nicht.
Mit Whisky dreht sie sich doppelt so schnell.»*

Compton Mackenzie

*«Nicht unbedingt, Dummerchen – man muss
nur schauen, dass das Wasser nicht zu kurz kommt.»*

Cleo Rocos

Oh, und wie in Lektion 5 beschrieben, sollten Sie, um Ihre Chancen zu erhöhen, den Abend unbeschadet zu überstehen, absolut niemals Ihren Whisky in der Gesellschaft von Langweilern trinken.

Als ein perfektes Beispiel für einen vergnüglichen Abend mit Whisky kann ich Ihnen von einer wundervollen Einladung zum Cocktail bei Gore Vidal erzählen.

## *Gore Vidal*

### *Ein Whisky-Abenteuer*

Eines meiner liebsten und zweifellos denkwürdigsten Erlebnisse mit Whisky fand in der zauberhaften Stadt Ravello in Italien statt. Ich machte dort Filmaufnahmen für meine tolle Reise- und Interviewsendung mit der wunderbaren Denise van Outen, die in dieser Folge mein Gast sein sollte.

Mein lieber Freund Nicky Haslam hatte mich dem äußerst enigmatischen Literaturgiganten Gore Vidal vorgestellt. Gore lebte in Ravello und lud Denise und mich zu sich nach Hause zum Cocktail ein. Als die Sonne den Horizont berührte, beendeten wir die Dreharbeiten für diesen Tag, und Denise und ich machten uns auf den Weg zu Gore. Ein langer Weg durch eine Reihe von Pforten führte uns schließlich zu seinem märchenhaften Haus, das einen unsagbar schönen Panoramablick bot. Es war bis obenhin vollgestopft mit schönen Dingen und unbezahlbaren Kunstwerken.

Er war wirklich fabelhaft und begrüßte uns mit großer Wärme und Herzlichkeit. Gore war ein wundervoller Gastgeber und sehr großzügig mit einer Flasche, die aussah wie ein sehr alter und ebenso teurer Whisky. Er schenkte uns beiden einen großzügigen Whisky Soda ein, und wir unterhielten uns angeregt über alle möglichen Skandale und Skandälchen aus Vergangenheit und Gegenwart. Von Prinzessin Dianas Tod über die Kennedys, Rock Hudson und Elizabeth Taylor bis James Dean. Ich war fasziniert zu erfahren, dass Gore Vidal mit Al Gore verwandt war. Offenbar waren sie entfernte Cousins.

Gore öffnete eine Schublade seines großen Schreibtischs und zog die wundervollsten Fotos von sich und allen möglichen angesagten Filmstars, gut aussehenden jungen Schriftstellern und Politikern vergangener Jahrzehnte hervor. Es waren Aufnahmen gemeinsamer Urlaube in den fünfziger und sechziger Jahren, und alle darauf amüsierten sich prächtig. Jeder Schnappschuss, auf dem sie sich am Strand vergnügten, war exquisit. Sie sahen so elegant aus, als wären sie zusammen geradewegs einem *Vogue*-Cover entstiegen und in einem Augenblick höchster Vollkommenheit abgelichtet worden.

Während Gore und ich seine erlesene Flasche Whisky genossen, wurde unsere Unterhaltung immer angeregter, und ich konnte sehen, dass Denise nicht immer ganz bei der Sache war. Gore und ich waren wie alte Freunde. Ich hatte eine Bemerkung darüber gemacht, dass sein riesiger Kamin wie eine kleine Theaterbühne aussah. Er stimmte zu, und da im Hintergrund gerade Ethel Merman Musicalmelodien schmetterte, verspürte ich den Drang, aufzuspringen und in seinem Kamin Cancan zu tanzen. Er amüsierte sich köstlich, und wir quietschten vor Lachen. Wir waren regelrecht voneinander gefesselt und unterhielten uns stundenlang mit größter Begeisterung über alle möglichen ungehörigen Themen. Dann führte er plötzlich sein Glas zum Mund und musste feststellen, dass es leer war – ebenso wie die Flasche. «Du Miststück hast meinen ganzen Whisky getrunken», rief er aus. Dann lachte er schallend. «Damit hattest du nicht gerechnet, Cleo», röhrte er schadenfroh.

Ich kann Ihnen versichern, dass wir tatsächlich zusammen die Flasche ausgetrunken hatten, wobei er allerdings ein wenig mehr abbekommen hatte als ich. Ich war absolut hingerissen von ihm. Ich hoffte, dass Denise das Treffen ebenso genossen hatte wie ich.

Ein paar Wochen später bekam ich einen Anruf von Nicky. Er konnte sich kaum halten vor Lachen und erzählte mir voller Vergnügen, wie Denise ihm von ihrer Zeit in Ravello berichtet hatte und wie schön sie es fand, Vidal Sassoon zu treffen ... Ich brüllte vor Lachen. Tja, Gore, damit hattest du nicht gerechnet!

### *Stilvoller Club-Whisky*

5 cl Bourbon
$1/2$ Scheibe frische Orange
1 TL Bio-Agavensirup
2 Spritzer Angosturabitter
Zitronenspirale
1 Schuss Wasser

Eis zu den ersten fünf Zutaten geben und gut umrühren. Einen Schuss Wasser zugeben.

**FAQ:** Gibt es eine Methode, billigen Whisky in etwas Trinkbares zu verwandeln?

So mancher billige Whisky wird trinkbar, wenn man einen Shot süßen Wermut zu zwei Shots Whisky gibt. Dazu einen Spritzer Angosturabitter und das Ganze über Eis gut schütteln ergibt einen passablen Manhattan. Servieren Sie ihn aber dem Menschen, der Ihnen den Whisky geschenkt hat, und lassen Sie ihn mit dem anschließenden Kater kämpfen.

**FAQ:** Also, welchen Whisky soll ich kaufen?

Eine Faustregel lautet: Habe Achtung vor dem Alter – Alter ist in diesem Fall etwas Gutes.

> *«Ich mag meinen Whisky alt und meine Frauen jung.»*
> Errol Flynn

Schauen Sie nach der Zahl auf dem Etikett, die besagt, wie lange der Whisky gereift ist, bevor er abgefüllt wurde. Allgemein lässt sich sagen: Je höher diese Zahl ist, desto teurer – und desto besser – ist der Whisky.

Ein schottischer oder irischer Whisky muss beispielsweise mindestens drei Jahre alt sein, doch wenn er zehn, zwölf oder 18 Jahre lang reifen durfte, bedeutet das, dass der Hersteller mehr Arbeit investiert hat, um ihm Geschmack und Charakter zu verleihen. Je älter der Whisky ist, desto weicher wird er in der Regel schmecken, allerdings leider auch umso teurer sein. Stellen Sie sich den billigen Whisky als Groupie und den teuren als Sophia Loren vor. Im ersten Fall kostet es nicht so viel, sich seine Zuneigung zu erkaufen, doch er hinterlässt einen schlechten Nachgeschmack, und Sie werden es am nächsten Morgen bereuen. Sophia ist sicherlich nicht ganz so erschwinglich, doch dafür dürfen Sie einen exquisiten, eleganten und absolut denkwürdigen Abend erwarten, den Sie genießen werden und mit Freuden wiederholen möchten.

Wenn bei einem Blended Whisky, also einem Gemisch verschiedener Whisky-Sorten, ein Alter angegeben ist, bezieht sich dies auf die jüngste verwendete Sorte.

Beim Whisky ist es wie beim Gin: Es kommt darauf an, etwas zu finden, das Ihrem Geschmack und Ihren Trinkgewohnheiten am besten entspricht. Hier ist eine grobe Orientierung, die Ihnen helfen wird, sich auf den Etiketten zurechtzufinden:

**Malt Whisky** Dieser hat im Allgemeinen einen robusteren Geschmack.
**Grain Whisky** Eine leichtere, weichere Variante.
**Blended Whisky** Eine Mischung der beiden. Der Hersteller muss nicht angeben, welche Whiskys in welchem Verhältnis er verwendet, doch wenn ein Alter angegeben ist, ist dies das Mindestalter aller enthaltenen Whiskysorten, was Ihnen einen Anhaltspunkt bezüglich der Qualität gibt.
**Cask Strength (oder Barrel Proof) Whisky** Ein Qualitätsmerkmal, denn «Fassstärke» bedeutet, dass dieser direkt aus dem Fass unverdünnt abgefüllt wird. Nur die besten Sorten werden auf diese Weise produziert.

*«Kein verheirateter Mann ist wirklich glücklich,*
*wenn er schlechteren Whisky trinken muss als zu der Zeit,*
*als er alleinstehend war.»*

H. L. Mencken

### Ein kurzer Markenführer

Beim Kauf von schottischem oder irischem Whisky sollten Sie Marken bevorzugen, die mehr als zehn Jahre gereift sind. Nach dieser Zeit haben sich die charakteristischen Merkmale der jeweiligen Marke wirklich herausgebildet.

Ein grober Überblick über die Geschmacksrichtungen von *Scotch:*

> **Highlands:** würzig, rauchig, mit Kirschnote. Z. B. Glenmorangie.
> **Lowlands:** trocken, leicht, nicht rauchig. Gut als Aperitif und für Menschen, die nicht an Whiskys gewöhnt sind. Z. B. Glenkinchie.
> **Speyside:** komplex und süß. Z. B. 15 Jahre alter Glenfarclas.
> **Islay:** rauchig und intensiv, mit einer Torfnote, die Ihnen das Kinn geraderückt. Z. B. Ardbeg oder Caol Ila.

Bei *Irish Whiskey* probieren Sie Kilbeggan Blend, der um die 25 Euro kostet und in der einzigen unabhängigen Brennerei in irischem Besitz produziert wird: Cooley.

*Amerikanischer Bourbon Whiskey.* Für ihn ist kein Mindestalter vorgeschrieben, aber ein Bourbon, der mindestens zwei Jahre lang gereift ist und dem keine Farbstoffe, Aromen oder andere Spirituosen beigemischt wurden, darf sich Straight Bourbon nennen. Ein «Tennessee-Style Whiskey» ist ein Straight Bourbon, der in Tennessee produziert wurde, wie zum Beispiel Jack Daniel's. Mischen Sie ihn nicht mit Cola, sonst sind Sie auf dem Weg in einen zucker- und chemieinduzierten Monsterkater. Probieren Sie stattdessen einen Shot Bourbon mit drei Shots zuckerreduziertem Ginger Ale.

Es würde ewig dauern, wenn wir alle Whisky-Marken einzeln durchgehen wollten, deshalb gebe ich Ihnen lieber einen kleinen Leitfaden für den Whisky-Kauf, abhängig davon, wie groß die Probleme sind, die Sie ausbügeln müssen, oder wie sehr Sie den Empfänger bezaubern möchten.

**Ich habe ein kleines Problem mit meinem Chef • Ich muss einem Nachbarn dafür danken, dass er meinen Hund gehütet hat • Die Eltern des Mädels, mit dem ich ein paarmal ausgegangen bin, wollen mich kennenlernen, und ich werde höflicherweise hingehen, aber ich bin nicht sicher, ob die Beziehung etwas Ernstes ist.**

Ein absolut angemessenes und nicht zu teures Mitbringsel ist ein 12 Jahre alter Johnny Walker Black Label für gut 20 Euro. Auch ein Black Bushmills Irish Whiskey wird gut ankommen und bei einem Preis von unter 25 Euro nicht die Bank sprengen.

**Ich habe mittelgroßen Ärger mit meinem Chef • Es tut mir wirklich leid, was mein Hund mit dem Sofa des Nachbarn angestellt hat, der ihn gehütet hat • Ich möchte mein neues Date gerne verführen, und nun hat sie mich eingeladen, ihre Eltern kennenzulernen, bei der Gelegenheit muss ich unbedingt Eindruck machen.**

Hmmm, was Sie brauchen, ist etwas mit Klasse für gut 60 Euro. Probieren Sie es mit einem der verlässlichen älteren Whiskys, beispielsweise einem 15 Jahre alten Balvenie Single Barrel. Auch ein 14 Jahre alter Clynelish, ein 14 Jahre alter Oban, ein 12 Jahre alter Caol Ila, ein 15 Jahre alter Glenfarclas oder ein 10 Jahre alter Talisker werden dem Empfänger zeigen, dass Sie sich Mühe gegeben haben. Hoffentlich wird man Ihnen einen Schluck anbieten.

Ich habe das Auto meines Chefs schwer beschädigt • Ich habe bei der Dinnerparty meines Chefs vor seinen Augen etwas getan, das eine chemische Reinigung nötig macht • Ich habe das Haustier meines Nachbarn verloren oder umgebracht • Die Eltern meiner Freundin hassen mich, aber ich will trotzdem um ihre Hand anhalten.

In diesem Fall sollten Sie nach einem Whisky Ausschau halten, dessen Etikett «Rarest Vintage Reserve» verspricht. Entscheiden Sie sich für eine Flasche, die der Größe Ihres Vergehens entspricht. Der teuerste Whisky, der je verkauft wurde, war ein 64 Jahre alter Macallan Single Malt, der 2010 bei Sotheby's für 288 000 Pfund (ca. 360 000 Euro) versteigert wurde. Das taugt wirklich für eine Entschuldigung. Aber wenn es so ernst ist, dann dürfte es unterm Strich wesentlich billiger sein, einfach woanders hinzuziehen.

*«Freundschaft ist wie Whisky: je älter, desto besser.»*
Sprichwort

*«Whisky ist wie eine schöne Frau. Sie erfordert Wertschätzung. Zuerst schaut man sie bewundernd an, dann ist es Zeit zu trinken.»*
Haruki Murakami

*«Und wie die meisten Frauen weiß er ein bisschen Ausdauer zu schätzen. Also lassen Sie uns ein wenig Filler in den Mix geben, damit wir etwas länger durchhalten.»*
Cleo Rocos

So, und nun zum Rum.

## *Lektion neun*

# 15 Mann auf des toten Mannes Kiste: Rum

*«Ich bin für Rum ... Rum ist gut!»*

Captain Jack Sparrow

*«Klar, mein kleiner Seeräuber, Rum ist gut ...*
*um dir einen fetten Kater zu bescheren. Mal sehen,*
*ob sich das nicht ändern lässt.»*

Cleo Rocos

Soso, Rum ist also der Rachenputzer Ihrer Wahl. Wobei «Putzmittel» die Sache schon ganz gut trifft, wenn man bedenkt, dass Rum in der Regel aus Industrieabfall hergestellt wird. Doch wenn Ihnen der Sinn nach einem Daiquiri steht, dann brauchen Sie natürlich Rum. Schauen wir doch einmal, ob wir einen Weg finden, die Auswirkungen auf Schädel und (gekreuzte) Knochen möglichst gering zu halten.

**FAQ:** Was soll das heißen, Industrieabfälle? Woraus wird denn Rum nun eigentlich hergestellt?

Es gibt zwei Arten von Rum: *Rhum Agricole* und *Rhum Industriel/Traditionnel* – Rum aus landwirtschaftlicher bzw. aus traditioneller industrieller Herstellung.

### Rhum Industriel

Industrierum macht rund 90 Prozent der weltweiten Produktion aus, und er wird tatsächlich aus einem Abfallprodukt hergestellt – Melasse. Melasse ist das braune Zeug, das übrig bleibt, wenn eine Plantage ihre Zuckerrohrernte eingekocht und den Zucker herauskristallisiert hat. Dieser Rest wird fermentiert und zu Rum gemacht. Das ist zum Beispiel:

Mount Gay
Mahiki
Havana Club
Diplomatico
El Dorado

### Rhum Agricole

Diese Methode ist seltener, erfreut sich aber besonders auf den Französischen Antillen weiter Verbreitung. Dieser Rum wird aus frisch gepresstem Zuckerrohrsaft hergestellt. Diese Variante wird zwar nach einem feuchtfröhlichen Rum-Gelage Ihren Kopf am nächsten Morgen kein bisschen freundlicher behandeln, doch sie hat immerhin für den Rum-Novizen den Vorteil, dass sie mit der französischen Appellation d'Origine Contrôlée (AOC) zertifiziert wird. Wenn Sie dieses Siegel auf einer Flasche sehen, dann wissen Sie, dass die Produktionsbedingungen vom französischen Staat abgesegnet wurden. Ein paar Beispiele sind:

Clément
J. Bally
Rhum J. M.
La Favorite Blanc
Neisson
Flor de Caña Extra Dry White
Saint James

Das Problem beim Rum ist, dass wir es von Anfang an mit Zucker zu tun haben. Rum ist ein süßes Getränk, deshalb befindet man sich vom ersten Schluck an unweigerlich auf dem Sturzflug in Richtung Kater. Bedenkt man obendrein, dass es eine Unzahl verschiedener Rum-Produzenten gibt, alle in unterschiedlichen Ländern, von denen jedes andere Regeln und Vorschriften für die Rum-Herstellung hat, kann man sich vorstellen, wie leicht man dabei den Überblick verlieren kann.

Doch es gibt eine Regel, die ich Ihnen mit auf den Weg geben kann: *Wenn Sie einen Rum suchen, der möglichst wenig Schaden anrichtet, suchen Sie nach etwas, das weiß und alt ist.*

Denken Sie sich eine Art Hugh Hefner der Rum-Welt.

Lassen Sie mich das erklären. Ein junger Rum ist zunächst einmal klar. Wenn der Hersteller dann Geld und Arbeit investiert, um den Geschmack durch einen Reifungsprozess zu verbessern, nimmt der Rum von den Fässern, in denen dieser Prozess abläuft, eine Färbung an. Dabei kann der Rum allerdings auch Unreinheiten aufnehmen, die Kongenere genannt werden. Diese Chemikalien entstehen bei der Fermentierung, und sie können Ihren Kater drastisch verschlimmern. Abgesehen davon gibt es skrupellose Hersteller, die dem Rum reichlich Karamellsirup zusetzen, um ihn älter aussehen zu lassen, als er tatsächlich ist – eine Art Bräunungscreme für Alkohol, wenn Sie so wollen.

Die besseren Hersteller von altem weißem Rum unterziehen ihr Produkt einem Aktivkohle-Filterprozess. Dieser beseitigt nicht nur die Unreinheiten, sondern auch die Färbung. Wenn Sie also eine Flasche in der Hand halten, die als «X Jahre gereift» oder «añejo» oder «aged» gekennzeichnet ist, aber eine klare Flüssigkeit enthält, dann handelt es sich um einen Rum, der einerseits alle Vorteile des Reifungsprozesses hat, dem aber gleichzeitig auch viele der Schadstoffe entzogen wurden.

Seien Sie aber vorsichtig beim Alter des Rums. Auf der Flasche muss explizit die Angabe «X Jahre gereift» stehen – manche Hersteller hängen nämlich einfach eine Zahl an ihren Markennamen an, um es so aussehen zu lassen, als sei ihr Rum die entsprechende Anzahl von Jahren gealtert, was aber gar nicht stimmt.

Hier sind ein paar positive Beispiele *weißen Rums*, die man bedenkenlos kaufen kann:

El Dorado, 3 Jahre alt
Toz White Gold (7 Jahre gereift)
Flor de Caña Extra Dry, 4 Jahre alt
Havana Club Añejo Blanco

Übrigens: Wenn Sie einen dunklen Rum zu Hause haben, der Ihnen wirklich gut schmeckt, aber jedes Mal furchtbare Kopfschmerzen beschert, probieren Sie einmal, ihn durch Ihren Wasserfilter laufen zu lassen. Das kann Wunder wirken. Rum-Puristen werden jetzt wahrscheinlich aufschreien, dass dabei auch Geschmack verloren geht, doch wenn das dafür sorgt, dass es Ihnen am nächsten Tag gutgeht, dann sage ich: Tun Sie's!

Schauen wir einmal, was es sonst noch so gibt:

## Gold Rum und Dark Rum

Wenn man sich bei diesen Varianten nicht an die besten Marken hält, ist es ein wenig wie beim russischen Roulette. Eigentlich sollte gelten: Je dunkler der Rum, desto älter ist er auch. Doch wie bereits erwähnt, schummeln viele Hersteller, indem sie Karamell oder Farbstoffe zusetzen, sodass es auf den ersten Blick schwer zu sagen ist, welche Marken liebevoll jahrelang entwickelt wurden und welche nur ein Wolf im Schafspelz sind. Der einzige verlässliche Hinweis ist die Angabe des Alters auf der Flasche.

*Gold Rum* eignet sich für Cocktails, und zu den empfehlenswerten Marken gehören:

El Dorado, 12 Jahre alt
Appleton VX oder Reserve
Smith & Cross
Mount Gay Eclipse

Je dunkler der Rum, desto süßer ist er auch. Gold- und bernsteinfarbene Sorten kann man in Cocktails verwenden, von den ganz dunklen rate ich ab. Servieren Sie sie pur oder auf Eis (wenn Sie sich an Deck einer Luxusjacht sonnen) und nippen Sie sie wie einen Brandy oder Whisky.

Ob hell oder dunkel – wenn es sich um einen wirklich gut ausgereiften Qualitätsrum handelt, dann ist er zum Nippen ebenso geeignet wie in einem Cocktail oder Longdrink.

Ausgesprochen auf der Hut sein sollte man vor dem durchschnittlichen Ausschank-Rum in den meisten Bars. Mount Gay ist ein zuverlässig guter Standardrum. Andere Marken mögen bekannter und weitaus stärker beworben sein, doch ich habe ziemlich viel Zeit in der Karibik verbracht und kann sagen, dass die meisten Barkeeper und Rum-Experten mit meiner Einschätzung übereinstimmen.

Empfehlenswerte dunkle Sorten *Dark Rum* sind etwa:

Zaya, 12 Jahre
Ron Zacapa, 15 oder 23 Jahre
Mount Gay Extra Old
Pampero Aniversario

Noch dunkler und schwerer ist *Blackstrap Rum*, der aus dunkler, dicker Melasse hergestellt wird. Wenn Sie diesen probieren möchten, ohne am nächsten Tag das Gefühl zu haben, dass Ihr Kopf zwischen den Pobacken Ihrer schlimmsten Albträume eingeklemmt ist, dann viel Glück. Zu den weniger gefährlichen Marken zählen etwa:

Cruzan Black Strap
Captain Morgan Black Spiced Rum

Eine Anmerkung zum Thema *Spiced Rum*: Seien Sie hier sehr vorsichtig, was Sie kaufen. Diese «gewürzten» Sorten können mit künstlichen Aromen versetzt sein, mit denen Sie sich am nächsten Tag wirklich schauderhaft fühlen werden. Wenn Sie diese Variante probieren möchten, schlage ich vor, sich an diese Marken zu halten:

Kraken
Cruzan 9
Sailor Jerry
Doorly's

## Overproof Rum

Overproof Rum hat in der Regel einen Alkoholgehalt von mehr als 60 Prozent, weshalb ich persönlich ihn meide wie der Teufel das Weihwasser. Ich kann nicht empfehlen, irgendetwas zu trinken, das mehr als 40 Prozent Alkohol hat, außer wenn es darum geht, ohne Narkose eine Amputation vorzunehmen. Wenn man abends ausgeht, ist man es in der Regel nicht gewohnt, etwas mit mehr als 40 Vol.-% vorgesetzt zu bekommen, sodass es zu allen möglichen Komplikationen kommen kann, wenn sich etwas von dieser Stärke in Ihrem Cocktail befindet. Diese Variante ist eher etwas für die Rum-Experten und sicherlich gewöhnungsbedürftig. Es gibt eine Menge wirklich guter Rumsorten mit niedrigerem Alkoholgehalt. Wenn Sie neugierig sind und sich selbst ein Bild machen wollen, hier sind ein paar Beispiele für *Overproof Rum*:

Goslings 75,5 Vol.-% – Bermuda
Green Island 75,7 Vol.-% – Mauritius
Wray and Nephew 63 Vol.-% – Jamaika

**FAQ:** Wie lese ich ein Rum-Etikett?

### Stärke
Wie schon gesagt: Schauen Sie genau auf den Alkoholgehalt. Rum hat meistens 37,5 Prozent, doch man muss höllisch aufpassen, denn manche Sorten erreichen schwindelerregende 85 Prozent. *Ich sage es gerne noch einmal: Meiden Sie Spirituosen mit mehr als 40 Volumenprozent Alkohol.*

### Alter
Vergewissern Sie sich, dass «X Jahre gereift» oder «Aged X Years» auf dem Etikett steht. «Rhum Vieux» ist gut, es bedeutet, dass der Rum auf den Französischen Antillen mindestens drei Jahre lang in kleinen Fässern gereift ist. «Tres vieux» bedeutet, dass er noch älter ist, und «Hors d'age» bezeich-

net einen Blend aus alten Rum-Sorten. «Añejo» bedeutet alt und «Gran Añejo» noch älter – beides ist nicht gesetzlich definiert, aber es ist ein guter Anhaltspunkt, dass es sich um einen sorgfältig produzierten Rum handelt.

## AOC
Bei einem Rhum Agricole bedeutet der Vermerk AOC auf dem Etikett, dass er in einem gesetzlich regulierten Produktionsverfahren entstanden ist.

So, nun wollen wir einmal versuchen, ein paar beliebte Drinks auf Rum-Basis auf Stilvoll-trinken-Linie zu bringen.

## Spiced Rum
Werfen Sie ein paar Stücke frische reife Ananas in eine Flasche Rum (eventuell müssen Sie zunächst ein paar Schlucke abtrinken, um Platz zu schaffen) und lassen Sie das ein paar Tage lang ziehen. Dann in ein sauberes Schraubglas abseihen, und Sie haben eine wunderbare, köstliche Rum-Basis für Daiquiris.

### *Daiquiri*

3,5 cl Weißer Rum, Aged
Saft einer frisch gepressten Limette
1,5 cl Bio-Agavensirup
Viel Eis

Gut schütteln und in ein Glas gießen, am besten mit Eis servieren.

Der selbstgemachte Spiced Rum mit Ananasaroma gibt dem Daiquiri einen ganz besonderen Dreh.

## *Dark and Stormy*

Normalerweise ein absolut mörderischer Cocktail, weil Black Rum und Zuckersirup zu den Zutaten gehören. Mit dem von mir überarbeiteten Rezept ist es weniger ein Sturm als ein angenehmer Sommerregen.

2,5 cl frischer Limettensaft
2,5 cl Black Seal Rum
Fever Tree Ginger Beer, zuckerreduziert

Eis in ein hohes Glas geben, Limettensaft darüber auspressen, Glas zu drei Vierteln mit Ginger Beer füllen, danach den Rum langsam über einen Löffelrücken hineinlaufen lassen, damit er an der Oberfläche schwimmt. Wenn Sie es etwas süßer haben möchten, geben Sie noch ein klein wenig Bio-Agavensirup hinzu, doch eigentlich ist der Black Rum in den meisten Fällen süß genug.

## *Ti Punch*

Ti Punch ist ein traditioneller Aperitif auf den Französischen Antillen. Meist bringt der Barkeeper Rum, ein Tablett mit aufgeschnittenen Limetten und ein Tellerchen Zucker, was der Gast dann nach seinem eigenen Geschmack mixen kann. Ich habe die im Originalrezept vorgesehenen 1½ Teelöffel braunen Zucker durch Bio-Agavensirup ersetzt, ansonsten ist das Prinzip gleich.

## *Stilvoll-trinken-Ti-Punch*

Eiswürfel
3,5 cl Weißer Rum, Aged
1 cl frischer Limettensaft
5 ml Bio-Agavensirup

Eiswürfel in ein Glas geben. Rum und Limettensaft zugießen. Agavensirup nach Geschmack. Umrühren.

**FAQ:** Kann man Rum mit Cola mischen?

Lassen Sie es lieber. Sie haben die Süße von Rum und geben riesige Mengen Zucker und Chemikalien dazu – Sie werden auseinandergehen wie ein Hefeteig. Finger weg!

**FAQ:** Ist es ratsam, auf Partys Rumpunsch zu trinken?

Nein, außer Sie legen Wert darauf, in einem Müllcontainer aufzuwachen. Ich stehe tief in der Schuld von Jules Gauldoni, dem früheren Barkeeper im Nachtclub Mahiki im Londoner Stadtteil Mayfair und jetzigen Bar-Manager des Cliff Restaurant auf Barbados – er hat das folgende Rezept für einen Stilvoll-trinken-Rumpunsch kreiert.

Zurzeit serviert er ihn im angesagten St. James auf Barbados den schicken und eleganten Urlaubern, die ihn vor ihrem Dinner schlürfen, während sie den Blick über die Wellen der Karibik schweifen lassen. Es gibt sicher schlimmere Jobs. Das Rezept ähnelt dem in England sehr beliebten Pimm's mit Limonade. Es ist viel schonender für den Kopf als der übliche Punsch, und er ist ein echtes Geschmackserlebnis.

## *Barbados-Gartenpunsch à la Stilvoll trinken*

Edelstahlkrug
3 Scheiben Salatgurke
2 Scheiben Zitrone
2 Scheiben Orange
2 Scheiben Apfel
5 cl Mount Gay Eclipse
7,5 cl Apfelsaft
1,5 cl Holunderblütenlikör (St. Germain)

Gurke und Obst zusammen mit einem Minzzweig und einem Zweig frischen Majoran in den Krug geben und mit dem Stößel sanft zerdrücken. Rum, Apfelsaft und Holunderblütenlikör zugeben. Sanft umrühren und in ein Weinglas über Eis gießen.

Mit zuckerreduziertem Ginger Ale aufgießen und mit Sommerfrüchten garnieren.

In Barbados, wo der Rum billiger ist als Mineralwasser, trinken ihn die Einheimischen mit frischem Kokosnusswasser. Sie hacken ein Loch in die grüne Nuss und gießen ein wenig Rum hinein. Probieren Sie es zu Hause einmal aus, aber achten Sie dabei auf die Kalorien. Weil aber frische Kokosnüsse außerhalb der Karibik nicht immer ganz leicht zu bekommen sind, hat Jules Gauldoni auch noch diese Version mit Wassermelone als Partydrink entwickelt:

## *Rum-Wassermelone*

1. Nehmen Sie eine große, saftige Wassermelone und bohren Sie im Abstand von 5 Zentimetern zwei Löcher mit einem Durchmesser von knapp 2,5 Zentimetern hinein.
2. Legen Sie die Wassermelone mit den Löchern nach unten einige Stunden lang in ein Waschbecken und lassen Sie die Flüssigkeit herauslaufen.
3. Platzieren Sie danach eine offene Flasche alten weißen Rum mit der Öffnung nach unten in eines der Löcher und lassen Sie die Wassermelone sich 24 Stunden lang vollsaugen.
4. Legen Sie die Melone in den Kühlschrank und nehmen Sie sie dann mit zu einem Picknick mit ein paar Freunden. (Wenn Sie den Saft auffangen, können Sie auch eine Melonen-Fruchtbowle daraus machen.)

## *Gefährliche Mojitos*

Der göttliche Alan Carr war bester Laune, als wir uns in Londons angesagtem Restaurant The Ivy zum Lunch trafen. Er hatte gerade den Vertrag für seine neue Serie bei Channel 4 unterschrieben. Das musste gefeiert werden, und Mojitos waren dafür genau das Richtige.

Wir verbrachten eine behagliche Stunde zusammen und schnatterten und kicherten in einem fort.

Die Sonne schien, wir waren in bester Stimmung, und so beschlossen wir, noch ein wenig umherzuziehen. Arm in Arm schlenderten wir vergnügt durch Soho, und unser Lachen war vom einen bis zum anderen Ende der Old Compton Street zu hören.

Alan schlug vor, in eine nette Bar in der Nähe zu gehen. Er sagte, dort könnten wir draußen sitzen, etwas trinken und das Treiben vor dem Bordell gegenüber beobachten. Eine Idee, die nach einem Mojito ausgesprochen verlockend erschien!

Wir sicherten uns einen Tisch vor der Bar mit einem perfekten Blick. Ein Mädchen erschien im Eingang des Bordells, der vielleicht 20 Meter von uns entfernt war. Irgendwie sah sie jemandem ähnlich.

Aufgeregt – und in einer Tonhöhe und Lautstärke, die auch beim besten Willen nicht mehr als Flüstern zu bezeichnen war – rief Alan aus: «Das ist Britney Spears! Sie sieht ein bisschen verlaust aus, aber es ist Britney, schau doch!!!» Er hatte recht – die Ähnlichkeit war tatsächlich nicht zu übersehen.

Es vergingen vielleicht zehn Minuten und «Britney» ging wieder hinein, woraufhin ein anderes Mädchen herauskam und sich im Eingang des Bordells postierte. Alan und ich kreischten gleichzeitig: «Beyoncé!» Sie war tatsächlich eine sehr überzeugende Doppelgängerin.

Im Verlauf der nächsten 30 Minuten, sahen wir eine Scarlett Johansson, eine Naomi Campbell und eine J-Lo. Es war in der Tat ein oscarverdächtiger Aufmarsch.

Keines der Mädchen sah sonderlich glücklich aus. Alan und ich starrten voller Neugierde zu ihnen hinüber. Aus der Entfernung sahen sie alle genau wie die echten Stars aus. Zum Glück waren wir nicht in Beverly Hills, sonst wäre Alan wahrscheinlich über die Straße gelaufen und hätte versucht, sie alle in seine Show einzuladen.

Nach einer weiteren Runde Cocktails waren wir felsenfest davon überzeugt, dass diese Damen von Mädchenhändlern festgehalten wurden. Wir hatten beide eine Fernsehreportage über dieses Thema gesehen, und wir beschlossen, dass wir die Sache in die Hand nehmen und sie retten würden.

Alan verkündete, dass ich diejenige sein sollte, die in das Bordell hineinging, weil ich dort weniger auffallen würde ... wie bitte??

Als «Britney» für ihre zweite Schicht vors Haus trat, glaubten wir, dass die Zeit für meinen Einsatz gekommen war. Ganz oben in dem Gebäude gab es ein Fenster, dort hinauf sollte ich gehen und mich dann langsam nach unten durcharbeiten und allen Mädchen mitteilen, dass wir sie in Sicherheit bringen würden.

Alan nahm mir das Versprechen ab, ihm aus dem Fenster zuzuwinken, damit er wusste, dass alles in Ordnung war. Wenn ich nicht innerhalb von zehn Minuten dort stünde, würde er wissen, dass ich in Schwierigkeiten war, und er versprach zu kommen und mich herauszuholen. Das Ganze klang immer mehr nach James Bond.

Ich ging zu «Britney» hinüber. Mit jedem Schritt, den ich ihr näher kam, schien sie zu altern. Es war, als würde man eine dieser Naturdokumentationen anschauen, in denen das Leben einer Rose per Zeitraffer in fünf Sekunden gezeigt wird. Knospen, blühen, verwelken, Kompost. Sie hatte ungefähr die Mitte der Verwelken-Phase erreicht.

Ich stellte mich vor, aber sie sprach kein Englisch. Zufälligerweise erschien in diesem Moment Beyoncé auf der Bildfläche, und ich versuchte ihr pantomimisch klarzumachen, dass ich da war, um sie zu retten. Auch Beyoncé sah ziemlich verwirrt aus. Ich ging hinein und begann, die Treppen hinaufzusteigen.

Auf meinem hastigen Weg nach oben kam ich an einem Mann vorbei, der gerade aus einem der Zimmer trat und sich von J-Lo verabschiedete. Endlich hatte ich es bis nach oben geschafft. Ich klopfte an die einzige Tür. Ein sehr freundliches und einigermaßen überraschtes russisches Mädchen öffnete mir und ließ mich eintreten. Ihr Zimmer war sehr ordentlich, mit roten Wänden, schwarzen Möbeln und weißen Lammfellteppichen. Genau so, wie ich mir die Einrichtung zu Hause bei den Cheeky Girls vorstellen würde.

Ich ging zum Fenster hinüber und öffnete es, um Alan das vereinbarte Signal zu geben, doch als ich hinunterschaute, sah ich Alan von einer riesigen Menschenmenge umringt. Alle blickten zu mir hoch und brachen bei meinem Anblick in lauten Jubel aus. Wie ich später erfuhr, hatte Alan allen von unserem Plan erzählt. J-Los Kunde war einigermaßen verblüfft, als er beim Verlassen des Bordells plötzlich vor einer jubelnden Menschenmenge stand, in deren Mitte Alan einen Mojito schwenkte und «Gut gemacht, Cleo!» brüllte.

Ich zog meinen Kopf hastig zurück, bevor mich jemand erwischte. Ich beeilte mich, die Mädchen in dem Haus zusammenzutrommeln und ihnen zu sagen, dass sie unbedingt in die Bar auf der anderen Straßenseite gehen mussten. Dort könnten sie einen Drink bekommen und wir würden ihnen die Flucht ermöglichen.

Keine von ihnen sprach viel Englisch, doch dass sie über die Straße gehen sollten und dort einen Drink bekommen würden, schienen sie alle zu verstehen.

Unsere Rettungsmission war in vollem Gange. Als ich gerade zurück ins Erdgeschoss kam, hörte ich eine Männerstimme. Sie klang unüberhörbar verärgert. Ich blieb wie angewurzelt stehen, als mir klarwurde, dass sie näher kam. Schnell versteckte ich mich hinter einer Ecke, und als der Mann vorbeiging, konnte ich einen

Blick auf ihn erhaschen. Er war eine große, drohende Gestalt, gekleidet in eine Art Landadligen-Kostüm, komplett mit Reiterhosen, Reitpeitsche und einer exzentrischen Mütze.

Ich stürzte aus dem Bordell hinaus. Alan und die ihn umringende Menge jubelten mir mit erhobenen Gläsern zu. Alan hatte den Mädchen bereits etwas zu trinken bestellt und versteckte sie inmitten der Menschenmenge. Schließlich schafften wir es, ihnen verständlich zu machen, dass wir sie befreien und ihnen zur Flucht verhelfen wollten. Sie sahen uns erschrocken an und begannen dann zu lachen. Zu unserem absoluten Entsetzen wollte keine Einzige von ihnen weg. Offenbar waren sie alle ausgesprochen glücklich mit ihrer Arbeit und wurden gut behandelt.

Plötzlich teilte sich die Menge, die Erde erbebte, und ich hörte ein weiteres Mal das Dröhnen jener wütenden Männerstimme. Es war der Zuhälter, der auf uns zukam und dabei seine Reitpeitsche durch die Luft pfeifen ließ. Drohend baute er sich vor uns auf, stemmte die Hände in die Hüften und warf einen riesigen kalten Schatten über uns. «Was ist das hier? Was macht ihr mit meinen Mädchen?», herrschte er uns an. Es wurde totenstill in der Bar. Alan und ich erstarrten vor Angst. Es trat eine lange Pause ein. Plötzlich brach der Kerl in ein furchterregendes Gelächter aus. Das war so ungefähr das Letzte, was Alan und ich erwartet hatten. Dann brüllte er mit schwerem osteuropäischem Akzent: «Ich bin exträm durstig.» Er setzte sich an unseren Tisch und schob sein beachtliches Hinterteil auf dem Stuhl hin und her, als hätte sich seine Unterhose verklemmt.

«Die gute Nachricht für euch beide, meine lieben Freunde», sagte er und wedelte mit der Reitpeitsche unter unseren Nasen herum, «ist, dass ich nach ein paar Drinks eine Miezekaaatze werde, eine sähr NACH-SICHTIGE Miezekaaatze.»

Alan und ich schluckten ängstlich. «Barkeeper, noch eine Runde Mojitos», riefen wir, «und lass die Gläser nicht trocken werden!»

## *Der perfekte Mojito, um einen wütenden Zuhälter zu besänftigen*

3,5 cl Añejo Blanco Rum
2,5 cl frischer Limettensaft (Saft einer Limette)
2 cl AquaRiva Bio-Agavensirup
2,5 cl gutes Sodawasser
Eine Handvoll frische Minzblätter

Die Minzblätter einschließlich der Zweige in einem Shakerglas mit dem Agavensirup zerdrücken. Reichlich zerstoßenes Eis dazugeben.

Sanft schütteln und in ein Longdrinkglas abgießen. Mit frischer Minze garnieren.

## *Kurzes Stilvoll-trinken-Quiz zum Thema Rum*

**So, nun ist also der Morgen danach. Wie geht's Ihrem Schädel?**

☐ *Alles ein bisschen verschwommen, aber ich werd's überleben.* Herzlichen Glückwunsch! Ich nehme an, Sie sind auf der Añejo-Blanco-Route geblieben, haben ihn als Longdrink mit einem natürlichen, zuckerfreien Filler getrunken und dazu reichlich getanzt und gelacht, stimmt's?

☐ *Oh Gott, ich komme mir vor, als wäre ich mit den Untoten auf einem Schiff gefangen.* Ah, guten Abend, Captain Jack. Haben Sie schon einmal daran gedacht, auf 100-Prozent-Agave-Tequila umzusteigen?

> *«Wenn Ihr weiterhin so viel Rum trinkt,*
> *wird es bald einen schmutzigen Halunken weniger*
> *auf der Welt geben.»*
> Robert Louis Stevenson

Ach, ich weiß nicht – es gibt schlimmere Getränke. Zum Beispiel Blue Curaçao.

*Lektion zehn*

## Blue Curaçao, gnädige Frau?

**B**lue Curaçao ist phantastisch, wenn man Schimmel entfernen will.
Aber ich kann wirklich nicht empfehlen, ihn zu trinken.

## *Lektion elf*

# Partyplanung ohne Pannen

Ich weiß natürlich, dass Sie wunderbar sind und in der Regel zu jeder Party eingeladen werden. Aber Sie müssen sich auch nicht grämen, wenn die Einladung für diese eine Party, zu der Sie unbedingt gehen wollten, ausgeblieben ist. Es gibt Mittel und Wege, sich so zu verkleiden, dass man sich selbst bei den exklusivsten Festivitäten Zutritt verschaffen kann. Die erste Möglichkeit ist eine Verkleidungstechnik, die schon von vielen Politikern und Staatenlenkern erfolgreich eingesetzt wurde – die Uniform.

### Trinken mit Staatsmännern – ein Leitfaden zum verkleideten Trinkvergnügen

Eine hervorragende Möglichkeit, sich in eine geschlossene Gesellschaft oder Party einzuschleichen, zu der Sie aus unbegreiflichen Gründen nicht eingeladen wurden (wissen die etwa nicht, wie fabelhaft Sie sind?), ist, etwas zu tragen, das vage an eine Uniform erinnert. Die meisten Menschen werden regelrecht blind, wenn sie eine Uniform erblicken. Ist man uniformiert, schauen einem die meisten Leute nicht mehr ins Gesicht – sie sehen nur noch die Uniform. Wenn Sie mir nicht glauben – ich kann eine ganze Reihe von führenden Politikern aufzählen, um diese Aussage zu belegen.

Benazir Bhutto war eine Freundin von mir. Einmal nahm sie mich mit in einen Costcutter-Markt in der Edgware Road, weil ihr, wie sie mir erklärte, noch ihre Lieblings-Kochzutat fehlte: Dosentomaten. Bhutto, die weltweit geachtete frühere Premierministerin Pakistans und eine der bemerkenswertesten Frauen der Weltgeschichte, trug wie immer ihren Seidenschal um den Kopf. Wir standen im Gang mit den Konserven und unterhielten uns, als ein junger Mann an uns herantrat und Benazir fragte, wo in dem Laden der Wein zu finden sei. Offenbar hatte er aus ihrer Kopfbedeckung, die den Kopftüchern der Verkäuferinnen in diesem Laden glich, falsche Schlüsse gezogen. Sie zeigte ihm bereitwillig den richtigen Gang, und die Frau, die Millionen von Menschen inspirierte und eine Ikone Pakistans war, gab ihm sogar noch ein paar Wein-Empfehlungen, ohne dass er je mitbekam, wen er da eigentlich vor sich hatte. Sie besaß wirklich einen schelmischen Sinn für Humor.

Es gibt auch eine herrliche Geschichte über Nelson Mandela, der vor vielen Jahren zu Gast war in einem ziemlich feudalen Haus in Südafrika, das ihm gleichzeitig als Unterschlupf diente. Eines Abends gaben die Hausherren eine schicke Dinnerparty für Mandela und eine Reihe von Gästen aus der High Society. Die Gastgeber wurden gewarnt, dass bewaffnete Polizisten unterwegs waren, die das Haus durchsuchen wollten, weil sie Mandela dort vermuteten. Ein spontaner Geistesblitz der Hausherren, den man nur genial nennen kann, gab ihnen die Idee ein, Mandela in eine Kellner-Uniform zu stecken und ihn rasch in die Küche zu den anderen Bediensteten zu bringen. Die Gastgeber begrüßten den Polizeichef freundlich und machten höflichen Smalltalk mit ihm, während das Haus gründlich durchsucht wurde. Zur Verblüffung der Gastgeber und der Partygäste erschien Mandela mit einem Tablett Sherry im Raum und bot dem Polizeichef ein Glas an. Dieser erkannte Mandela nicht. Er sah ihn einfach als einen anonymen Bediensteten und schaute ihm nicht einmal ins Gesicht. Der Polizeichef trank seinen Sherry und verschwand wieder mit seinen Leuten.

Ich vermute, der legendäre, seit 40 Jahren verschwundene Lord Lucan arbeitet inzwischen irgendwo als Butler. Solange er dabei Uniform trägt, steht kaum zu befürchten, dass ihm jemand auf die Schliche kommt.

Ich muss ehrlich gestehen, es ist auch mir schon passiert, dass ich nur die Uniform sah. Ich war einmal mit Kenny Everett in der Downing Street 10, dem Domizil des englischen Premierministers. Wir hatten es uns mit einem Glas Champagner auf einem der wenigen Sofas in dem überfüllten Raum gemütlich gemacht, als uns klarwurde, dass die Versorgung mit Drinks eher schleppend vonstattenging. Eine Frau, deren Kleidung wie die Uniform einer Kellnerin aussah, ging an uns vorbei, und Kenny versuchte, sie auf uns aufmerksam zu machen, indem er «Fräulein, Fräulein» rief und sie schließlich am Ärmel zupfte. Die Frau drehte sich um. Es war Margaret Thatcher. Kenny entschuldigte sich wortreich. Doch Mrs. Thatcher gehörte nicht zu den Damen, die sich zweimal umdrehen. Und sie brachte uns auch keine Getränke.

Was ich damit sagen will: Wenn weltbekannte Politiker sich als Servicepersonal verkleiden können, dann können das auch Menschen, die keine Länder regieren müssen – und verbessern sich so, was die Klasse und die Lokalitäten ihrer Cocktailpartyabenteuer angeht.

Wenn man in einem überfüllten Lokal mit einer riesigen Schlange vor der Bar etwas zu trinken bekommen möchte, aber keinen VIP-Pass hat, ist eine dieser neongelben oder -grünen Westen mit reflektierenden Streifen, wie sie die Securityleute tragen, ein wirklich nützliches Accessoire. Das Gleiche gilt, wenn man einen überfüllten Zug zu einem gesellschaftlichen Ereignis wie den Pferderennen in Epsom oder in Ascot besteigen will, damit man ankommt, bevor der Champagner warm wird. Werfen Sie sich einfach die Weste über Ihre Kleidung und rufen Sie: «Zurücktreten bitte! O.k.! Personal durchgehen, bitte. Alle anderen zurückbleiben! Diese Leute hier müssen alle durch.» Dann sammeln Sie einfach Ihre Freunde und geleiten sie seelenruhig nach vorne. Einer meiner Freunde perfektionierte diese Technik ausgesprochen stilsicher, als er dringend einen Zug nach Epsom besteigen musste, um sein Rennen nicht zu verpassen. Eine Trillerpfeife oder ein Walkie-Talkie können den Look noch überzeugender machen.

Reporter des berüchtigten Boulevardblatts *News of the World* nutzten den Uniformtrick regelmäßig bei ihren verdeckten Recherchen. Einer ihrer Lieblingstricks war, sich in Kellnerkleidung und mit einem Tablett Champagner auf Hochzeiten oder Partys von Stars zu schmuggeln. Die Gäste stürzten sich auf die Getränke, und die uniformierten Reporter gaben vor, in die Küche zu gehen und mehr Champagner zu holen, woraufhin sie direkt auf die Party marschierten.

Ganz Mutige, die gerne eine Preisverleihung oder Party besuchen wollen, aber keine Eintrittskarte haben, können sich auch ein Stethoskop und einen Erste-Hilfe-Koffer besorgen und mit der Frage «O.k., wo ist der Patient?» an den Securityleuten vorbeimarschieren.

Ich flog einmal mit Alan Carr von Südafrika nach Hause, und auf dem langen Flug wurde uns langweilig. Um ein wenig Leben in die Bude zu bringen, öffnete ich einen Spind in der ersten Klasse, in dem eine Stewardess-Uniform hing. Mit Jacke, Schal und Hut ging ich dann den Gang entlang und nahm Getränkebestellungen auf.

Zum Glück bin ich auf die Schauspielschule gegangen und kann mir ziemlich gut Texte merken, also behielt ich die Bestellungen, und die Passagiere waren im Handumdrehen zu ihrer Zufriedenheit versorgt. Witzigerweise schaute mir kein einziger von ihnen ins Gesicht – niemand bemerkte, dass ich dieselbe Person war, mit der er noch ein paar Minuten zuvor angeregt geplaudert hatte. Sie alle redeten mit der Uniform, ignorierten das Gesicht und gaben einfach ihre Bestellungen auf.

Wenn es sich um Ihre eigene Party handelt, dann sollten Sie natürlich ein Auge darauf haben, welche uniformierten Schurken sich unerlaubt hineinschleichen.

*«Auf jeder Party gibt es zwei Sorten von Menschen –
die einen wollen nach Hause gehen, die anderen
nicht. Das Problem ist, dass die beiden in der Regel
miteinander verheiratet sind.»*

Ann Landers, amerikanische Lebenshilfe-Kolumnistin

Um die Dinge in Schwung zu bringen, sind hier ein paar perfekte Cocktails mit den Mengenangaben, die Sie brauchen, um eine Vielzahl von Gästen zu bewirten. Es sind die Rezepte, die ich selbst benutze, wenn ich eine Party für meine Gäste gebe, zu denen Holly Willoughby, Keith Lemon, Derren Brown, Kelly Brook und die gesamte Besetzung von *Dallas* gehören. Ich kann mit Stolz verkünden, dass sie alle am nächsten Tag katerfrei waren.

Ich habe die Mengen für 50 Gäste angegeben, wobei jeweils von drei Cocktails pro Gast ausgegangen wird.

## *Mojito ohne Kater für 50 Gäste*

8 Flaschen 100-Prozent-Agave-Tequila, Reposado oder Añejo
150 frische Limetten oder 3,75 Liter frischer Limettensaft
12 250-ml-Flaschen Bio-Agavensirup
6 Flaschen gutes Sodawasser
Mehrere große Bündel frische Minze

Jeder Drink sollte 3,5 cl Tequila, den Saft einer Limette (oder 2,5 cl), 2 cl Bio-Agavensirup und 2,5 cl gutes Sodawasser enthalten. Sanft schütteln und in ein großes Glas gießen. Mit frischer Minze garnieren.

## *Guavarita ohne Kater für 50 Gäste*

8 Flaschen 100-Prozent-Agave-Tequila, Blanco oder Reposado
150 frische Limetten
0,75 Liter Guavenpüree oder 1,25 Liter Guavensaft
12 250-ml-Flaschen Bio-Agavensirup

Jeder Drink sollte 3,5 cl Tequila, den Saft einer Limette, 1,5 cl Guavenpüree oder 2,5 cl Guavensaft enthalten.

## *Mexican 55 für 50 Gäste*

5 Flaschen Champagner oder Prosecco
6 Flaschen 100-Prozent-Agave-Tequila, Blanco
12 250-ml-Flaschen Bio-Agavensirup
90 frische Limetten oder 1,35 Liter frischer Limetten-/Zitronensaft
1 Flasche Grapefruitbitter

Jeder Drink sollte 3,5 cl Tequila, 1,5 cl frisch gepressten Zitronensaft, 1,5 cl Agavensirup und 2 Spritzer Grapefruitbitter enthalten. Alle Zutaten außer dem Champagner über Eis schütteln und in einer Champagnerflöte servieren. Die Gläser erst im letzten Moment, wenn die Gäste ankommen, mit Champagner oder Prosecco auffüllen, damit er so frisch und perlend wie möglich bleibt.

## *Kalorienarmer Tequila- und Champagner-Cocktail mit Holunderblüten für 50 Gäste*

Siehe das Rezept auf Seite 68; alle Mengen halbieren.

Bei jeder Party sollten Sie nicht nur Wasser, sondern auch einen alkoholfreien Cocktail anbieten, um Ihren Gästen zwischen den Runden eine Atempause zu gönnen. Stellen Sie ansprechend präsentierte und elegante Wasserkrüge bereit. So machen Sie es Ihren Gästen leicht, genug zu trinken.

Auf Seite 232 finden Sie ein Rezept für falschen Pink Gin,

der perfekt dafür ist. Damit können auch diejenigen, die fahren müssen, und Leute, die keinen Alkohol trinken, Spaß an der Party haben, ohne von Zucker und Chemikalien aus Cola aufgebläht zu werden oder nach literweise Fruchtsaft ihren Magen zu übersäuern.

## *Get The Party Started*

**FAQ:** Können Sie besonderes Zubehör empfehlen, das ich anschaffen kann, wenn ich zu einem Umtrunk einlade? Etwas, um bei den Gästen Eindruck zu machen?

Ich habe es schon zu Beginn gesagt: Sie brauchen keine extravaganten Cocktailutensilien. Eine hohe Tupperdose mit Deckel gibt einen perfekten Shaker ab. Sie brauchen auch keine teuren Gläser – leihen Sie sie einfach vom Spirituosenhändler Ihres Vertrauens. Es gibt allerdings eine Sache, die sinnvoll ist, wenn es sich einrichten lässt: Pflanzen Sie eine Hecke.

Ja, eine Hecke. Lassen Sie mich das erklären.

### Die Anstandshecke

Wenn Sie eine Feier geben, bei der es einen separaten Tisch für Ehrengäste gibt, zu denen auch Damen gehören, dann rate ich Ihnen, eine Anstandshecke zu installieren. Sie werden mir dankbar sein, wenn die Fotos von dem Abend herumgehen.

Wenn Sie einmal darauf achten, werden Sie feststellen, dass bei High-Society-Anlässen wie Polo oder eleganten Gartenpartys die Sitzgelegenheiten, auf denen sich die Damen zu einem langen und vergnügten Mittagessen niederlassen können, regelmäßig von einer strategisch platzierten niedrigen Hecke abgeschirmt sind. Wo es diese nicht gibt, sind die Tische zumindest mit langen Tischdecken eingedeckt.

Das ist eine Anstandshecke. Sie sorgt dafür, dass Damen am Ehrentisch, die einen oder zwei Tropfen über den Durst getrunken haben und möglicherweise vergessen, mit vorschriftsmäßig geschlossenen Knien zu sitzen, nicht Gott und die Welt mit dem Anblick ihrer Unterwäsche in Verwirrung stürzen.

Diese Technik reicht weit in die Vergangenheit zurück. Schauen Sie sich alte Gemälde von lebhaften Gelagen an, dann werden Sie dort Gobelins, Tischdecken, Büsche oder kleine Engel sehen, die vor den Tischen herumhängen und den Blick des Betrachters auf alles Unziemliche abschirmen. Besuchen Sie einmal ein paar Museen, und Sie werden sehen, was ich meine. Schauen Sie sich zum Beispiel Leonardo da Vincis *Abendmahl* an: ein schönes langes Tischtuch. Ganz gleich, welche Art von Verrat sich oberhalb der Tischplatte abspielte, alle Teilnehmer konnten sicher sein, dass eine hinreichend lange Tischdecke bis unterhalb des Knies herabfiel und dafür sorgte, dass alles gesittet zuging.

Beherzigen Sie diesen Tipp, wenn Sie in Ihrem Garten einen Empfang oder eine Hochzeitsfeier ausrichten. Auf diese Weise können die Damen sich zurücklehnen, entspannen und die Erfrischungen genießen, ohne Angst haben zu müssen, dass, wenn die Fotos da sind, ihre Schlüpfer zu sehen sind.

Apropos Schlüpfer: Ich will an dieser Stelle noch einmal mein leidenschaftliches Plädoyer wiederholen, dass neben einer hochwertigen Ausstattung des Spirituosenschranks und einer Rückkehr zum anmutigen Trinken auch eine Rückkehr zu anmutiger Bekleidung wünschenswert ist.

*«Ich takele mich auf – aber geschmackvoll.»*
Freddie Mercury

## *Lektion zwölf*

# Wie man im Flugzeug frisch bleibt

*«Es ist eine Kunst ... zu fliegen.
Der Trick besteht darin, dass man lernt, wie man sich
auf den Boden schmeißt, aber daneben.»*
Douglas Adams, *Per Anhalter durch die Galaxis*

*«Und vielleicht wie man sich nicht an die Bar schmeißt,
sondern ab und zu auch mal daneben.
Lassen Sie mich kurz erklären, worin die Kunst besteht,
im Flugzeug zu trinken.»*
Cleo Rocos

Wie Sie inzwischen zweifellos mitbekommen haben, bin ich absolut dafür, dass man sich amüsiert, und auch bei mir ist es – sofern sich die richtige Gelegenheit ergab – schon vorgekommen, dass ich alle Skrupel bedenkenlos in den Wind schlug. Doch wenn es ums Fliegen geht, kann ich nur nachdrücklich dazu raten, ein bisschen mehr Vorsicht und ein bisschen weniger Alkohol walten zu lassen.

Für mich ist ein Flugzeug einfach ein wundervolles geflügeltes Transportmittel, das dazu entwickelt wurde, mich zum nächsten aufregenden Cocktailausschank zu bringen. Es ist keine fliegende Bar. Lassen Sie mich das kurz erklären – ich will schließlich nicht als Spaßbremse gelten.

Ich kann nur hoffen, dass Sie Ihren Flieger besteigen, um an einen wundervollen Ort gebracht zu werden – und nicht weil Sie abgeschoben oder irgendwohin gekarrt werden sollen, wo es keine sanitären Anlagen gibt. Im ersteren Fall ist ein Flugzeug genau das Richtige, um auf magische Weise Zeitzonen, Berge und Meere zu überqueren und Sie zu den redlich verdienten Urlaubs-Cocktails zu transportieren. (Wenn Sie aus weniger erfreulichen Gründen im Flugzeug sitzen oder jemanden besuchen werden, den Sie überhaupt nicht ausstehen können, ignorieren Sie alles, was ich im Folgenden sage, und lassen Sie sich umgehend einen Doppelten bringen.)

Der Trick beim Fliegen besteht darin, so frisch und duftend wie nur irgend möglich zu bleiben, damit man bei der Ankunft keine Zeit verliert und sich umgehend den Genüssen widmen kann, die der Barkeeper am Zielort für einen bereithält. Was man nicht will, ist, erhitzt, aufgebläht, todmüde und bereits verkatert ankommen, weil man billigen Alkohol in sich hineingeschüttet hat, während man in einem Blechzylinder kilometerhoch in der Luft an einen Sitz festgeschnallt war.

Das ist allerdings leichter gesagt als getan.

Die Versuchung, im Flugzeug zu trinken, ist nämlich sehr groß, nicht wahr? Sobald man seinen Fuß an Bord der Maschine setzt, wird man von einem lieblichen Lächeln und einer frisch gestärkten Uniform begrüßt, die einem einen Drink offeriert. Und im Inneren der Maschine ist es ein bisschen wie in Las Vegas – es gibt keine Uhren, sodass es immer irgendwie Cocktailzeit ist. Selbst um 9 Uhr morgens schweben diese schönen Menschenkinder in ihren Uniformen den

Gang entlang und versichern einem, dass es *absolut und vollkommen* in Ordnung ist, einen Drink zu nehmen.

*Aber denken Sie einen Moment nach, bevor Sie nach diesem Drink greifen.*

Wenn Sie in Ihrer Mile High Bar nicht vorsichtig zu Werke gehen, werden Sie mit einem Jumbo Jet von einem Kater an Ihrem Reiseziel ankommen. Stilvoll trinken ohne Reue über den Wolken erfordert das Einhalten einiger Regeln.

Es ist an der Zeit für eine weitere FAQ. Und für ein bisschen Mathematik.

**FAQ:** Warum werde ich in Flugzeugen immer so verdammt schnell betrunken?

*«Newtons Gesetz besagt, dass das, was nach oben fliegt, auch wieder herunterkommt. Das Gesetz unseres Kompanieführers sagt, dass das, was hochfliegt und wieder herunterkommt, verdammt noch mal in der Lage sein muss, sofort wieder hochzufliegen.»*

Schild in der Einsatzzentrale der 187th Assault Helicopter Company in Tây Ninh (Vietnam), 1971

*«Das gilt natürlich nicht für die während des Fluges genossenen Getränke. Folgen Sie meinen Trinkregeln, und Ihre Drinks werden nicht wieder nach oben kommen.»*

Cleo Rocos

Das Trinken in der Luft ist voller Gefahren. Das alte Sprichwort, dass ein Drink in der Luft wirkt wie drei am Boden, ist absolut zutreffend.

## Der wissenschaftliche Hintergrund

Zurück zu unserem naturwissenschaftlich gebildeten Trinkgefährten Dr. Bull, der so freundlich war, dieser Frage für mich nachzugehen. Er sagt: «Wenn man in einem Flugzeug Alkohol trinkt, steigt der Alkoholgehalt im Blut *nicht* höher an, als er es tun würde, wenn man am Boden trinkt. ABER man glaubt, aufgrund des niedrigeren Sauerstoffpartialdrucks, der bewirkt, dass man in großer Höhe weniger Sauerstoff im Blut hat, was wiederum zur Folge hat, dass weniger davon ins Gehirn gelangt, den Effekt des Alkohols stärker zu spüren. Deshalb ist das Gefühl der Trunkenheit stärker ausgeprägt.»

Zusätzlich kommen noch andere Faktoren zum Tragen. Erstens essen die Menschen selten etwas, bevor sie ein Flugzeug besteigen. Also trinken sie in der Regel auf leeren Magen – und das heißt, dass der Alkohol rascher aufgenommen wird. Außerdem trinken sie oft schneller als normal. Dr. Bull stellt fest: «Das führt dazu, dass der Blutalkoholspiegel sehr schnell steigt, was das Gefühl der Berauschtheit auslöst.»

Drittens sind wir oft erschöpft, weil wir früh aufgestanden sind und zum Flughafen hetzen mussten, um den Flieger zu erreichen.

All diese Faktoren zusammen bewirken, dass jeder Schluck über den Wolken, soweit es Ihr Gehirn betrifft, so viel wert ist wie drei am Boden. Wenn man sich dessen nicht bewusst ist, kann das unvorhergesehene und manchmal auch ziemlich unangenehme Folgen haben. Ich erinnere mich etwa an eine sehr heikle Situation, bei der ein befreundeter TV-Star beinahe verhaftet worden wäre. Mehr darüber später.

Achten Sie also darauf, etwas zu essen, bevor Sie an Bord gehen, oder trinken Sie zumindest ein Glas Milch, um den Stoffwechsel etwas zu verlangsamen. Und nehmen Sie auch nicht unbedingt immer den frühestmöglichen Flug am

Morgen. Ich habe eine Liste mit den perfekten Abflugzeiten für Sie vorbereitet, damit Sie überall auf der Welt genau rechtzeitig für einen Cocktail ankommen.

Beschwipst – oder schlimmer noch, betrunken – zu sein ist allerdings nicht das einzige Problem, das Alkohol im Flugzeug nach sich ziehen kann. Es gibt noch andere unangenehme Dinge, die sich leicht vermeiden lassen.

### Unerwünschte Emissionen

Trinkt man das Falsche, kann es passieren, dass der Verdauungstrakt beginnt, seine ganz persönlichen Luftturbulenzen zu kreieren – und wenn man nicht aufpasst, hat man sich unversehens seinen eigenen Düsenantrieb zugelegt.

*Das zeugt nicht von guter Erziehung.*

Sie sollten sich nicht, nur weil Sie in einem Flugzeug sitzen, dazu verpflichtet fühlen, zur Aufrechterhaltung des Kabinendrucks beizutragen. Jede Wolke, die Sie produzieren, wird sich in der Kabine ausbreiten und für die restliche Dauer des Fluges dort verweilen.

Eine bedauernswerte Passagierin musste dies während eines Fluges mit American Airlines im Jahr 2006 am eigenen Leib erfahren. Der Kapitän machte eine Notlandung, nachdem Fluggäste den Geruch brennender Streichhölzer gemeldet hatten. Eine Passagierin musste später einräumen, dass sie ein Streichholz angezündet hatte, um den Geruch einer kleinen Turbulenz um ihren Sitz herum zu überdecken. Leider gab sie das erst zu, nachdem ein paar Bombenspürhunde zielsicher auf ihren Platz zugesteuert waren.

Wenn Sie nicht mit Bombenspürhunden Bekanntschaft schließen wollen, sollten Sie die folgenden Dinge meiden:

**Bläschen** Das ist Regel Nummer eins. Sagen Sie nein zu Champagner, Limonade, Tonic Water, Bier und allen kohlensäurehaltigen Getränken. Keines davon wird Ihre Lage verbessern. Diese Bläschen gehen hinein, und sie werden auch irgendwo wieder herauskommen. Also beschränken Sie sich auf höchstens ein Glas, sonst wird es für Sie und Ihre Mitpassagiere ein böses Ende nehmen.
**Sagen Sie nein zu Brezeln und Brötchen** Die Sache mit den persönlichen Luftturbulenzen wird auch durch Weizen nicht besser werden.
**Dresscode fürs Trinken** Sie sollten auch enge Kleidung meiden. Ihr Hervé-Léger-Kleid und Ihr Korsett sehen bestimmt todschick aus, aber mit diesen engsitzenden Kleidungsstücken tun Sie sich im Flugzeug keinen Gefallen. Das ist der Grund, warum alle Passagiere der Ersten Klasse beim Einsteigen einen schönen und bequemen Schlafanzug überreicht bekommen. So können sie ohne Probleme essen, trinken und schlafen, bevor sie sich bei der Ankunft wieder in ihre Formwäsche zwängen. Und sie können beim Aussteigen jedem Fotografen so frisch und munter entgegentreten, als kämen sie direkt vom Laufsteg einer Modenschau.

Die gute Nachricht ist, dass man trinken und dennoch all die unangenehmen Dinge vermeiden kann, die ich hier geschildert habe. Eine Bloody Mary kann sogar hilfreich sein, wenn man ein wenig schwarzen Pfeffer hineingibt – das trägt dazu bei, die Dinge ein wenig zu beruhigen. Sie sollten sich allerdings auf eine beschränken, weil diese Drinks oft sehr viel Salz enthalten, was zu Schwellungen und «Cankles» führen kann (dazu später mehr). Wenn Speisen mit Ingwer angeboten werden, greifen Sie zu, denn auch Ingwer beruhigt den Verdauungsapparat. Sich am Flughafen ein Sushi-Takeaway zu besorgen und es an Bord zu essen ist immer die klügere und gesündere Wahl. So kann man alle Probleme im Keim ersticken, bevor man an seinen Problemen erstickt.

Wenn es Sie erwischt hat, halten Sie sich in der Nähe der Toiletten auf und versuchen Sie, alle unerwünschten Emissionen hinter verschlossenen Türen zu halten.

## FAQ: Wie viel sollte man im Flugzeug trinken?

Die Antwort auf diese Frage lautet nicht: So viele alkoholische Getränke, wie man bekommen kann.

Wie bei so vielen Dingen im Leben ist es auch hier eine Frage des Timings. Viel hängt davon ab, ob die Zeitzone, in der sich Ihr Reiseziel befindet, vor oder hinter der eigenen Zeitzone liegt. Wenn Sie an einen Ort fliegen, der fünf Stunden voraus ist, und Sie dort mitten in der Nacht landen werden, wenn alles geschlossen ist und man nichts anderes mehr tun kann als schlafen, wäre es eine Schande, nicht von den an Bord so freundlich angebotenen Gratisdrinks Gebrauch zu machen. Wenn Ihr Ziel allerdings einige Zeitzonen zurück liegt und Sie genau rechtzeitig auf der Landebahn aufsetzen, um sich vor dem Dinner noch einen Cocktail zu genehmigen, wäre es unsinnig, sternhagelvoll aus dem Flieger zu taumeln und einen wundervollen Abend mit exquisiten Cocktails zu verpassen.

Das Ganze lässt sich auch mathematisch ausdrücken:

$$\Sigma \cdot GT = ZxY/X$$

Dabei ist Z die Ankunfts- und X die Boardingzeit; Y ist die Anzahl der Stunden, die Sie am Zielort haben werden, um Cocktails zu genießen, und das Ergebnis ist die Summe ($\Sigma$) von Gin Tonics (GT), zu denen Sie ja oder nein sagen sollten.

Zu kompliziert? So lässt sich die Gleichung auflösen:

*Stellen Sie, sobald Sie das Flugzeug bestiegen haben, Ihre Uhr sofort auf die Ortszeit Ihres Reiseziels ein. Dann rechnen Sie aus, wann Sie Ihren ersten Cocktail am Boden schlürfen werden und wie lange die Bar nach Ihrer Ankunft noch geöffnet sein wird.*

*Passen Sie jegliche Cocktailaufnahme an Bord an diese Daten an.*

Schauen wir uns ein paar Beispiele an.

Nehmen wir an, Sie fliegen um 14 Uhr von London aus zum JFK-Flughafen in New York.

Wie wundervoll – die Schoko-Martinis dort sind einfach himmlisch.

Doch zurück zu Ihrem Flug. In London ist es 14 Uhr, doch wie spät ist es in den Cocktailbars, die Sie ansteuern? New York liegt fünf Stunden hinter London (britische Sommerzeit) – also ist es dort 9 Uhr morgens.

Nun schauen wir uns die Cocktailsituation am Zielort an, wenn Sie dort landen. Der Flug dauert sieben bis acht Stunden, also sagen wir, die voraussichtliche Ankunftszeit ist etwa 16:30 Uhr. Durch den Zoll, in ein gelbes Taxi, dann sind Sie, wenn der Verkehr fließt und sonst nichts schiefgeht, am frühen Abend in Manhattan. Alle guten Bars und Restaurants sind noch mindestens fünf bis sechs Stunden offen, das heißt, es bleibt noch jede Menge Zeit für Cocktails.

Die wollen Sie nicht verschwenden.

Sie sollten nicht dem Denkfehler aufsitzen, dass Sie um 14 Uhr ein Flugzeug besteigen und sich ab diesem Moment im Urlaub befinden, weshalb Sie sich einen Drink verdient haben. Denken Sie stattdessen, dass es neun Uhr morgens ist und dass Sie in zehn Stunden ausgehen werden, um etwas zu trinken. Bremsen Sie sich. Sagen Sie nein. Nur weil Sie sich in der Luft befinden und jemand Ihnen etwas anbietet, sind

Sie nicht gesetzlich verpflichtet, es auch zu trinken. Schonen Sie sich. Trinken Sie nichts auf diesem Flug. Nun ja, vielleicht ein Glas zum Essen, aber das ist alles. Halten Sie sich frisch und in bester Form für später.

Aber keine Sorge, nicht in jedem Fall lautet mein Rat, die angebotenen Gratisgetränke auszuschlagen. Ich will lediglich, dass Sie Ihre Reise wirklich genießen können. Schauen wir uns den Rückflug an. Nun fliegen Sie an einen Ort, der in der Zeit vor Ihnen liegt.

Ihr Flug verlässt New York um 11 Uhr morgens und erreicht London um 23 Uhr.

Stellen wir zuerst die Uhr um. Es ist 11 Uhr morgens in New York, aber 15 Uhr in London. So, nun ein Blick auf die Ankunftszeit. 23 Uhr in London. Sie müssen Ihre Koffer einsammeln und sich über die Autobahn kämpfen, und es ist ziemlich unwahrscheinlich, dass Sie die Londoner Innenstadt vor Mitternacht erreichen werden. Das heißt, die Cocktailzeit an Ihrem Zielort ist extrem knapp bemessen. Nach der Regel mit Sonne und Rah (siehe Seite 13 in «Aperitif») ist es vollkommen in Ordnung, einen Drink zu sich zu nehmen, wann immer einem danach ist, da es im Grunde schon vor drei Stunden Mittag war, sobald Sie das Flugzeug betreten.

*In diesem Fall würde ich dazu tendieren, meine ganzen Regeln in den Wind zu schlagen und mir genau das zu gönnen, wonach mir der Sinn steht. Das gilt natürlich nur, wenn am Zielort nichts anderes auf mich wartet als ein erholsamer Schlaf.*

## *Ideale Flugzeiten – ein Leitfaden*

Warum planen Sie Ihren Trip ab London nicht – statt mit zu wenig Schlaf und ohne Frühstück zum Flughafen zu hetzen – zur Abwechslung einmal so, dass Sie genau rechtzeitig zum Aperitif am Ziel ankommen und Ihren Flug mit einem wunderbaren Abend krönen können?

Keine Sorge, ich habe schon alle Berechnungen für Sie angestellt. Hier sind einige Vorschläge für Flugzeiten, die alle dafür sorgen werden, dass Sie am frühen Nachmittag an Ihrem Zielort ankommen und, wenn man ein oder zwei Stunden Zeit für Transfers und Gepäckausgabe einrechnet, sich gerade noch einen redlich verdienten kühlen Cocktail servieren lassen können, bevor es Zeit ist fürs Dinner.

(Alle Zeitangaben sind in englischer Sommerzeit, die vom letzten Sonntag im März bis zum letzten Sonntag im Oktober gilt. Außerhalb dieser Periode sollten Sie eine Stunde zurückrechnen, um Enttäuschungen zu vermeiden.)

*Alicante* (eine Stunde voraus; Flug: zwei Stunden, dreißig Minuten) Mit einem Mittagsflug sind Sie gegen 15:30 am Ziel. Aber Sie können fliegen, wann immer Sie wollen – vor Ort werden alle bereits gründlich angeschickert sein. Ich empfehle ein oder zwei Drinks an Bord. Im nahegelegenen Benidorm ist die Happy Hour seit Jahren nicht mehr zu Ende gegangen, und dem Vernehmen nach sollte man ein oder zwei kräftige Drinks intus haben, bevor man sich das Programm in einigen der lokalen Nachtclubs anschaut.

*Athen* (zwei Stunden voraus; Flug: drei Stunden, vierzig Minuten) Ein Flug um 10:40 dürfte ziemlich genau hinkommen – er wird Sie am späten Nachmittag ans Ziel bringen. Nehmen Sie nach dem Mittagessen einen Drink an Bord, das sehen die Griechen locker. Sie mögen Wein so sehr, dass sie einen eigenen Gott für ihn erfunden haben – Dionysos.

*Aserbaidschan* (vier Stunden voraus; Flug: fünf Stunden, dreißig Minuten) Dahin wollen Sie also? Nun, es freut mich, dass jemand sich diese ganzen Videos vom Eurovision Song Contest angeschaut hat. Ein Abflug gegen fünf Uhr morgens bringt Sie am späten Nachmittag ans Ziel, und Sie werden feststellen, dass der aserbeidschanische Wein ausgesprochen wohlschmeckend ist.

*Bali* (sieben Stunden voraus; Flug: sechzehn bis neunzehn Stunden) Wahrscheinlich werden Sie unterwegs umsteigen müssen und erst am nächsten Tag ankommen. Niemand erwartet von Ihnen, dass Sie die Freuden, die der Getränkewagen offeriert, ausschlagen. Nehmen Sie einen Abendflug von London und lassen Sie sich umgehend eine Bloody Mary bringen.

*Barbados (Bridgetown)* (fünf Stunden zurück; Flug: acht Stunden, vierzig Minuten) Ein Flug um 11:20 wird Sie gegen 15 Uhr ans Ziel bringen, genau rechtzeitig für einen schnellen Transfer und einen Mount-Gay-Rumcocktail im Lonestar vor dem Essen. Zum Abendessen empfehle ich einen Tisch mit Meerblick im Restaurant The Cliff.

*Dubai* (drei Stunden voraus; Flug: sieben Stunden) Hmmm, das ist nicht gerade ein Trinkerparadies dort unten. Eher ein Minenfeld verschiedenster Alkoholgesetze. Nehmen Sie einen frühen Flug – sechs oder sieben Uhr –, dann kommen Sie am frühen Abend an. Und kommen Sie gar nicht erst auf den Gedanken, im Flugzeug zu trinken. Betrunken am Zoll zu randalieren macht keinen guten Eindruck und wird dort zu Recht nicht toleriert.

*Fidschi* (elf Stunden voraus; Flug: zwölf Stunden) Starten Sie am frühen Abend – und trinken Sie nichts, wenn Sie in einem Morgenflug sitzen. Betrunken zum Frühstück zu erscheinen ist weder akzeptabel noch stilvoll oder elegant.

*Rom* (eine Stunde voraus; Flug: zwei Stunden, dreißig Minuten) Fliegen Sie um die Mittagszeit. Es ist eigentlich nicht nötig, auf dem Flug etwas zu trinken. Schließlich sind Sie auf dem Weg in die Heimat guter Weine.

*Jamaika* (sechs Stunden zurück; Flug: zehn Stunden) Mit einem Mittagsflug sind Sie gegen 16 Uhr in Montego Bay rechtzeitig durch den Zoll, um bei einem Cocktail in Rick's Bar den Sonnenuntergang zu bewundern.

*Los Angeles* (acht Stunden zurück; Flug: elf Stunden) L.A. macht schrecklich früh Feierabend, weil alle morgens früh aufstehen, um joggen zu gehen. Darum würde ich versuchen, zeitig anzukommen. Nehmen Sie in diesem Fall einen Flug um die Mittagszeit, und Sie werden gegen 15 Uhr vor Ort sein.

*Mexiko* (sechs Stunden zurück; Flug: zehn Stunden, zwanzig Minuten) Mit einem Mittagsflug werden Sie gegen 16 Uhr sanft in Cancún aufsetzen, sodass genug Zeit bleibt für ein oder zwei Tequila-Cocktails vor dem Dinner. Wer das Glück hat, in den höheren Klassen von Virgin Atlantic zu fliegen, darf an den Flughäfen Heathrow und Gatwick deren Clubhouse nutzen. Fragen Sie nach den katerfreien Margaritas und Guavaritas – ihnen verdanke ich meine besten Cocktailerfahrungen in der Luft, und es gibt absolut keine schädlichen Nebeneffekte, sodass man frisch genug ist, um vor Ort sofort weiterzumachen.

*Moskau* (drei Stunden voraus; Flug: drei Stunden, fünfundfünfzig Minuten) Ein 9-Uhr-Flug wird dafür sorgen, dass

Sie gegen 16 Uhr landen. Man wird Sie nach dem Landen nötigen, Ihr Körpergewicht in Wodka zu konsumieren, also würde ich auf dem Flug selbst die Martinizufuhr gering halten.

*Paris* (eine Stunde voraus; Flug: eine Stunde, zwanzig Minuten) Wenn Sie gegen 14 Uhr abheben, können Sie am frühen Abend am Seineufer an Ihrem Drink nippen. Aber ganz ehrlich: Warum in aller Welt wollen Sie fliegen? Nehmen Sie den Eurostar! Auf diese Weise können Sie mehr von Frankreichs besten Weinen mit nach Hause nehmen. Fahren Sie nach dem Frühstück los, und Sie sind rechtzeitig für ein spätes Mittagessen dort.

*Madrid* (eine Stunde voraus; Flug: zwei Stunden, dreißig Minuten) Ein Flug um 13 Uhr bringt Sie bis 16 Uhr ans Ziel, gut ausgeruht und bereit für den ersten Rioja des Abends.

*St. Lucia* (vier Stunden zurück, Flug: acht Stunden) Entscheiden Sie sich für einen Mittagsflug, dann landen Sie rechtzeitig für Bounty-Rum-Cocktails vor dem Abendessen zwischen den beiden Piton-Vulkanen.

*Sydney* (neun Stunden voraus; Flug: zweiundzwanzig Stunden) Für diese Reise gibt es keine leichte Variante, weil man die nächsten vierundzwanzig Stunden lang in einem Flugzeug festsitzt, einen Zwischenaufenthalt überstehen muss und der Tag plötzlich Nacht ist, wenn man dort ist, sodass man sich für die nächsten paar Tage sowieso schrecklich fühlen wird. Ich persönlich würde sagen, nehmen Sie einfach einen Drink. Sortieren Sie sich, wenn Sie angekommen sind. Um die besten Chancen zu haben, den größten Teil des Fluges in süßem Schlummer hinter sich zu bringen, würde ich gegen 22 Uhr Londoner Zeit fliegen und eine Schlaftablette nehmen. Ich genieße immer die einschläfernde Wirkung einer Reisetablette in Verbindung mit einem halben Glas Wein. Damit bin ich innerhalb einer halben Stunde k. o. So können Sie, wenn es sein muss, bei Ihrem Stopover in Hongkong ein paar Cocktails zu sich nehmen, und Sie werden zwei Tage später gegen 6 Uhr morgens am Ziel ankommen. Zu dieser Zeit ist es vollkommen in Ordnung, sich für ein weiteres Nickerchen ins Bett zu legen und am späten Nachmittag wieder aufzustehen.

*Utah* (sechs Stunden zurück; Flug rund elf Stunden mit Umsteigen) Warum wollen Sie dorthin? Die Alkoholgesetze dort sind nach wie vor ein Albtraum. Ehrlich gesagt, mein Rat lautet in diesem Fall: Seien Sie frühzeitig am Flughafen, begeben Sie sich direkt in den Duty Free Shop und decken Sie sich ein, bevor Sie Ihren Flieger besteigen. Dann tun Sie Ihr Bestes, um das Angebot des Getränkewagens an Bord zu würdigen, nur um auf der sicheren Seite zu sein.

### Tipps für die Platzwahl beim Fliegen

Wenn Sie nicht vorhaben, etwas zu trinken oder zu essen, dann lassen Sie sich einen Fensterplatz geben. Dann können Sie sich entspannen, schlafen oder den Ausblick genießen, ohne von den Stewardessen mit ihren Getränkewagen oder von Ihren Mitpassagieren gestört zu werden, die Sie jedes Mal bitten aufzustehen, wenn sie kurz austreten müssen.

Wenn Sie vorhaben, ein oder zwei Gläser zu trinken, würde ich einen Sitz am Gang vorziehen, sodass Sie ordentlich Wasser trinken können, um der Dehydrierung entgegenzuwirken, und dennoch problemlos Ihren Sitz verlassen und wieder zurückkehren können, ohne jemanden zu belästigen. Wenn Sie am Gang sitzen und abstinent bleiben wollen, aber sehen, wie Ihr Sitznachbar am Fenster Champagner in sich hineinkippt, was das Zeug hält, bieten Sie ihm an, die Plätze zu tauschen, sonst wird er während des gesamten Fluges andauernd über Sie hinwegklettern.

Die Sitze bei den Notausgängen sind den Aufpreis, den man oft für sie bezahlen muss, absolut wert – dort können Sie problemlos aufspringen, ohne jemanden zu stören oder selbst gestört zu werden.

Wenn Sie natürlich in der Ersten Klasse fliegen und sich in Ihrem eigenen Bett ausstrecken können, dann herzlichen Glückwunsch. Sie müssen sich keine Sorgen machen, dass Ihre Rehydrierungsversuche anderen den Flug verderben. Ist Ihnen auch schon aufgefallen, dass die Erste-Klasse-Passagiere am Zielort einfach vergnügter, frischer und strahlender aussehen? Das liegt dran, dass sie einen Ozean von Wasser trinken können, ohne vor der Toilette Schlange stehen zu müssen, dass sie mit einer Decke auf einem Bett erholsamen Schlaf finden können und dass sie deshalb absolut frisch und zum Feiern bereit an ihrem Reiseziel ankommen.

### Upgrades

Wo wir gerade von der Ersten Klasse sprechen: Versuchen Sie alles, um ein Upgrade zu bekommen. Ein Flug ist so viel besser in der Ersten Klasse. Es ist dort viel leichter, stilvoll zu trinken, weil alles von viel höherer Qualität ist. Alles ist deutlich weniger anstrengend.

Letzten Endes kann es nichts schaden, höflich nach einem Upgrade zu fragen. Es kommt oft vor, dass die Sitze in der Economy Class überbucht sind, aber in der Business oder First Class noch Platz ist. Kleiden Sie sich mit Flair und Eleganz, als ob Sie in die Erste Klasse gehörten, und seien Sie freundlich zu den Flugbegleitern, wenn Sie an Bord gehen. Übertreiben Sie es aber nicht, indem Sie zum Beispiel dem

Kapitän zuflüstern: «Wollen wir dafür sorgen, dass Sie den Stopover in Budapest nie mehr vergessen?» Lächeln Sie einfach und seien Sie so wundervoll und zuvorkommend, wie Sie es immer sind.

Wenn Sie ein Upgrade bekommen, sollten Sie sich den Flugbegleitern gegenüber, die es möglich gemacht haben, erkenntlich zeigen, etwa mit einer Flasche Parfum als Dankeschön. Es kann durchaus sein, dass Sie auf dem Rückflug der gleichen Besatzung begegnen, und es schadet nicht, wenn Ihre Dankbarkeit und Großzügigkeit sich herumspricht.

**FAQ:** Warum bestellen so viele Leute im Flugzeug eine Bloody Mary?

Eine Urlaubs-Webseite hat tatsächlich eine Umfrage durchgeführt und dabei herausgefunden, dass fast ein Viertel aller Fluggäste im Flugzeug eine Bloody Mary bestellten, aber sonst niemals so etwas tranken. Aus irgendeinem Grund schmeckt dieser Drink in der Luft hervorragend, auf dem Boden aber erdig, muffig und salzlastig.

Der Grund dafür ist, dass die gleichen Zutaten in verschiedenen Höhen unterschiedlich schmecken. Der geringere Druck in einer Flugzeugkabine senkt die Empfindlichkeit unserer Geschmacksknospen für Salz und Zucker um bis zu 30 Prozent. Für das Geschmackserlebnis ist das ungefähr so, als würde man mit einem starken Schnupfen essen. So kann ein Tomatensaft, der am Boden muffig schmeckt, im Flugzeug plötzlich fruchtig und süß schmecken, egal wie viel Salz dort hineingeschaufelt wurde.

Aus dem gleichen Grund sind diese salzigen Brezeln und Erdnuss-Snacks plötzlich unwiderstehlich, und man stürzt sich begeistert auf Kekse, Kuchen, Brot sowie alle möglichen salzigen und süßen Snacks.

Obwohl das alles leider die erwähnten Cankles zur Folge hat. Dieses früher auch als «Stempelbeine» bezeichnete Phänomen beschreibt durch Fett- oder Wasseransammlung angeschwollene Beine, bei denen die Waden (engl.: *calves*) direkt in die Fersen überzugehen scheinen, sodass keine Knöchel (engl.: *ankles*) mehr zu erkennen sind.

Die Aufnahme großer Mengen von Salz führt zu einem Anschwellen oberhalb der Füße, das mindestens zwei Tage braucht, um sich wieder zurückzubilden.

### Wie man eine salzarme Bloody Mary macht

(Auf dem Weg zum Flughafen zu trinken – natürlich nur wenn Sie nicht selbst fahren.)

10 cl V8 natriumarmer Gemüsesaft
3,5 cl Absolut Peppar Wodka
Saft einer halben Limette
4 Spritzer Lea & Perrins Worcestershire Sauce
2 cl trockener Sherry
½ TL englischer Senf
2 Spritzer Tabasco

Alle Zutaten in Ihr Airline-Glas geben und umrühren.

**FAQ:** Was soll ich denn nun im Flugzeug trinken?

Nachdem wir festgehalten haben, dass die korrekte Antwort nicht etwa lautet «So viel Alkohol, wie Sie bekommen können», stellt sich die Frage, was wir denn nun vom Getränkewagen bestellen sollen.

Um die Fesseln schlank zu halten, beschränken Sie sich auf einen Drink oder eine Flasche Wein zum Essen. Damit meine ich natürlich eine Miniflasche Wein, wie sie in Flugzeugen ausgegeben wird – also ein Glas –, und nicht etwa eine normale Weinflasche. Wein kann Histamine enthalten, die ebenfalls das Anschwellen fördern, und alles, was über ein Glas hinausgeht, kann Ihren Blutzuckerspiegel entgleisen lassen – woraufhin Sie sich auf alles Nahrungsmittelähnliche stürzen, was in Ihre Reichweite kommt.

Auch hier ist meine Margarita mit 100-Prozent-Agave-Tequila, sofern verfügbar, eine exzellente Wahl, weil sie natürliche Antihistamine enthält und weil saure Geschmacksnoten wie frische Limette auch in einer Überdruckkabine zur Geltung kommen. Der Bio-Agavensirup ist viel süßer als Zucker, sodass man ihn schmecken und dennoch seinen GI-Level stabil halten kann. Außerdem ist er glutenfrei. Er löst keine plötzlichen Hungerattacken aus. Bio-Agavensirup ist ein Appetitzügler.

Auch wenn so eine Bloody Mary herrlich schmeckt, schauen Sie auf dem Etikett nach dem Natriumgehalt, denn dieser kann bei manchen Tomatengetränken bei bis zu 27 Prozent liegen. Würzen Sie Ihren Drink stattdessen lieber mit Pfeffer und halten Sie sich mit der Worcestershire Sauce zurück, da diese mit Anchovis gewürzt ist und viel Salz enthält. Verzichten Sie auf die gesalzenen Erdnüsse und Brezeln, die Ihnen mit den Getränken angeboten werden. Wenn Sie das Glück hatten, links abzubiegen und in der Ersten Klasse zu sitzen, können Sie ruhig einmal nach weniger salzigen Alternativen fragen: Wenn Sie aber in der Economy Class festsitzen, sollten Sie darauf vorbereitet sein, Cankles-Prophylaxe zu betreiben. Wenn die Fluglinie Ihnen eine Auswahl anbietet, bestellen Sie ein natriumarmes Essen – oder decken Sie sich am Flughafen mit leckeren und frischen Dingen ein und bringen Sie Ihr gesundes Festmahl mit an Bord. Wenn Sie nur einen Drink zu sich nehmen, kann es besser sein, das vor dem Boarding zu tun und während des Fluges beim Wasser zu bleiben. Auf diese Weise konsumieren Sie nicht automatisch große Mengen Salz und Zucker, um das gleiche Geschmackserlebnis wie am Boden zu haben, und Sie werden sich an Bord angenehm entspannt fühlen.

Auch ein Gin Tonic ist eine gute Wahl, weil der Gin Wacholderbeeren enthält, was die Nierenfunktion unterstützt und anschwellenden Beinen entgegenwirkt. Doch bleiben Sie auch hier bei einem, sonst werden die Bläschen im Tonic Water gegen Sie arbeiten.

Auch essen, bevor man an Bord geht, ist eine gute Idee. Ich esse, wenn ich es vermeiden kann, niemals im Flugzeug. Bei kurzen Flügen komme ich einfach frühzeitig an den Flughafen, gönne mir dort eine wunderbar entspannte Mahlzeit und nehme auf dem Flug nichts außer Wasser zu mir. Es bringt einen nicht um, eine Mahlzeit für ein paar Stunden aufzuschieben, und dafür kann man unbeschwert einschlafen, weil man nicht darauf warten muss, dass der Servierwagen vorbeikommt. Am besten ist, dass man mit schlanken Fesseln und einem gesegneten Appetit für ein richtiges Festmahl am Ziel ankommt.

Aus all den genannten Gründen bin ich der Meinung, dass Privatjets meist reine Geldverschwendung sind. Viele Terminals für Privatflüge sind nichts weiter als Schuppen ohne Geschäfte, Bars oder Restaurants. Vollkommen langweilig. Und in den Flugzeugen stehen sich die Sitze oft gegenüber, sodass man – wenn man nicht gerade mit lauter Freunden oder Menschen, die man bewundert, unterwegs ist – Konversation machen muss, auch wenn einem nicht danach ist, und sich nicht einfach entspannen kann.

Da ist es doch viel besser, in einem normalen Linienflug Erster Klasse zu fliegen. Man kommt an den Flughafen, genehmigt sich einen erstklassigen Drink und eine leckere Mahlzeit und stöbert dann im Duty Free Shop nach Kleinigkeiten, die man eigentlich nicht braucht.

Andererseits haben Privatjets natürlich diese wunderbaren gepolsterten Toilettensitze.

### Wie man im Flugzeug trinkt

Wenn Sie das Glück haben, sich bei Virgin Atlantic in der Clubhouse Bar wiederzufinden, dann haben Sie es mit Personal zu tun, das bestens dafür ausgebildet ist, mit meinem AquaRiva Tequila und nach den Rezepten in diesem Buch Stilvoll-trinken-Margaritas zu mixen.

Ich hatte das Glück, auf dem ersten Virgin-Flug dabeizusein, bei dem dieser Tequila ausgeschenkt wurde, und ich kann bestätigen, dass die Stewardessen ihn bis ans Ziel durchgehend servierten.

Und bei der Ankunft ging es den mitgeflogenen Pressevertretern, VIPs und Stars blendend. Derren Brown stieg aus dem Flieger und gab direkt nach der Landung eine perfekte Zaubershow. Richard Branson legte eine wunderbare Präsentation für die versammelten Pressevertreter hin, und ich hüpfte in meinem Cocktailkleid direkt ins Meer.

## *Einfach zu mixende Cocktails aus Zutaten, die man im Flugzeug bekommt*

Wenn Sie mit Virgin fliegen, können Sie vor dem Flug online zollfreien AquaRiva Reposado kaufen und dann im Urlaub meine Stilvoll-trinken-Margaritas mixen und genießen (während Sie auf dem Flug selbst immer reichlich Wasser dazu trinken). Hier ist eine Liste weiterer bekannter Cocktails, die Sie sich mit Zutaten, die Sie im Flugzeug bekommen, an Bord selbst mixen können.

Denken Sie aber daran, es nicht zu übertreiben. Nicht

mehr als zwei Stück pro Flug, und auch das nur, wenn Sie am Reiseziel nicht selbst fahren.

**Bloody Mary:** eine Miniflasche Wodka, ein Tomatensaft, der Beutel Pfeffer von Ihrem Mittagessen, ein Spritzer frische Zitrone, ein Spritzer Worcestershire Sauce, ein Hauch Senf.
**Tom Collins Gin:** eine Miniflasche Gin, Zucker (oder besser noch Agavensirup), ein Spritzer Zitronensaft, Sodawasser, Eis.
**Black Russian:** Wodka und Kahlúa.
**White Russian:** wie oben, aber mit einem Schuss der Milch, die Sie zu Ihrem Kaffee bekommen haben.
**Presbyterian:** gleiche Teile Scotch und Ginger Ale (oder 7 Up), ein Schuss Sodawasser, Eis.

## *Wie man im Flugzeug nicht trinken sollte*

Ein umwerfender Topstar hatte zugesagt, Gast in meiner TV-Serie zu sein, die ich nicht nur präsentierte, sondern auch produzierte. Wir flogen von Gatwick aus in die Karibik für Außenaufnahmen. Zuerst mussten wir nach Barbados fliegen, wo wir einen Anschlussflug auf die wunderschöne, üppig bewachsene Insel Bequia nehmen würden. Dort wartete eine große Jacht mit Kapitän und Mannschaft auf uns, mit der wir eine Woche lang zwischen den Inseln der Grenadinen herumsegeln würden, um unsere Filmaufnahmen zu machen.

Es war ein richtig teurer Trip, und ich als Produktionsleiterin wachte über das Budget. Um sicherzustellen, dass so viel wie möglich davon für unvorhergesehene Ausgaben, Extras und hin und wieder einen Cocktail zur Verfügung stand, hatten wir uns darauf geeinigt, dass mein männlicher Star beim Besteigen des Flugzeugs nach links in die Erste Klasse abbiegen würde. Die Filmcrew und ich wollten uns nach rechts in die Holzklasse wenden. Mein gut aussehender Freund, der beim Boarden von begeisterten Mädchen im Teenageralter und kichernden Stewardessen umschwärmt wurde, lächelte vergnügt und versprach, uns ein paar Oliven nach hinten zu schicken.

Das wird eine phantastische Sendung werden, dachte ich bei mir, während wir den grauen Londoner Himmel hinter uns ließen und heller Sonnenschein die Kabine mit der Vorfreude auf Urlaubsglück und Vergnügen erfüllte. Ich ging nach vorne in die Erste Klasse, um nach meinem Gaststar zu sehen, der sich ausgesprochen wohl zu fühlen schien und zufrieden an seinem Champagner nippte. Also ging ich zurück zu meinem Platz, um zu essen und mich gemütlich zurückzulehnen. Wie schön, dachte ich mir, während ich an meinem kühlen Wasser nippte und das Filmprogramm studierte, alles läuft wie geschmiert.

Wir waren vielleicht fünf Stunden geflogen, als es eine Durchsage gab, dass alle Passagiere sich sofort zu ihren Plätzen begeben und anschnallen sollten, weil ein Hurrikan vor uns lag, der sich direkt auf uns zubewegte. Der Kapitän würde natürlich sein Bestes tun, ihn zu umfliegen, doch die Passagiere sollten sicherheitshalber auf ihren Plätzen bleiben.

Etwa eine Stunde später kam die Chefstewardess zu mir und bedeutete mir, die Kopfhörer abzusetzen. Sie wirkte sichtlich beunruhigt und flüsterte mir zu: «Wir haben eine ernste Situation.» Ich war überrascht und dachte sofort an das Schlimmste. Ich fragte mich nur, warum sie ausgerechnet mich ausgesucht hatte, um mit den Flugzeugentführern zu verhandeln. Sie nahm mich zur Seite und sagte: «Ich habe schlechte Nachrichten für Sie. Einige Passagiere der Ersten Klasse werden verhaftet werden, darunter Ihr Gaststar.» Ich war fassungslos. Das konnte unmöglich wahr sein!

Offenbar war einer der Passagiere in der Ersten Klasse nach ein paar Drinks ausgerastet. Jedenfalls hatte er meinen Gaststar beleidigt und versucht, ihn zu schlagen.

Grund für das Handgemenge war, wie sich herausstellte, dass die Frau dieses aggressiven Passagiers, ein stämmiges kleines Wesen mit dem Aussehen eines Hobbits und gefährlich schwingendem Busen, zuvor meinen Gaststar um ein Autogramm und ein gemeinsames Foto gebeten hatte. Beides hatte er gerne gewährt, und alles war gut gewesen, bis sie auf die Idee kam, ihrem Mann davon zu erzählen. Der war zu diesem Zeitpunkt bereits stark angetrunken und hatte mit Beleidigungen und rasender Eifersucht reagiert.

Offenbar hatte auch die fragliche Dame mehrere Cognacs konsumiert und sich mittlerweile in eine alkoholisierte und aggressive Bordsteinschwalbe verwandelt. Der Ehemann war davon überzeugt, dass der Prominente hinter seiner keifenden Frau her war, und die beiden beschimpften andere Passagiere und meinen armen Gaststar, der zwischenzeitlich sogar gezwungen war, sich gegen physische Angriffe der beiden zur Wehr zu setzen. Die Besatzung musste entsprechende Maßnahmen ergreifen, die Polizei war verständigt worden, und irgendjemand hatte die himmelschreiend ungerechte Entscheidung getroffen, bei der Landung alle an dem Streit beteiligten Personen zu verhaften.

Und es gab noch eine kleine Sache, fügte die Chefstewardess hinzu: Keiner der Beteiligten wusste etwas von der bevorstehenden Verhaftung. Und sie untersagte mir, es meinem Star zu sagen, da sie den Eindruck hatte, es würde die Sache noch weiter verschlimmern.

Der Schock ließ mich ruhig werden. Es war eine Stunde vor der Landung, und meine Gedanken rasten. Was würde mit meinem Star passieren? Wie sollte ich ihn aus dieser Situation herausbekommen? Was war mit unserer Sendung? Ich saß wie betäubt in meinem Sitz und wusste, dass mir unbedingt eine Lösung einfallen musste. Wie erklärt man der barbadischen Polizei, dass allein die Tatsache, dass jemand im Fernsehen auftritt, wildfremde Menschen dazu veranlassen kann, ihn wüst zu beschimpfen? Würde man ihn auf Barbados ins Gefängnis werfen? Wie sollten wir verhindern, dass die Presse davon Wind bekam? War es eine gute Idee, der Polizei eine wohltätige Barspende in einem neutralen Umschlag zuzustecken und um die Freilassung meines Freundes zu bitten? Und was war mit der Jacht mit Kapitän, Koch und bestens ausgestatteter Bar, die darauf wartete, mit uns durch die Grenadinen zu segeln?

Es gab nur eine Möglichkeit. Mein glorreicher Plan war, die Sache durchzuziehen und die Sendung zu filmen, ob mit meinem Star oder ohne ihn. Wir würden das Interview in seiner Gefängniszelle drehen – mit geschickter Beleuchtung, ein paar tropischen Pflanzen im Vordergrund, einem riesigen Poster mit Palmenmotiv im Hintergrund und einem Cocktail in der Hand könnte es funktionieren. Ein bisschen Bräunungscreme, ein Strohhut – und mit ein wenig Computermagie in der Bildbearbeitung plus einem eingefügten Brandungsrauschen, ein paar Möwenschreien und

Booten auf der Tonspur würde die kleine Schwindelei sicher niemandem auffallen, oder?

Meine Filmcrew schlief noch. Als das Flugzeug im Landeanflug war, erzählte ich ihnen von unserem Problem in der Ersten Klasse. Sie wurden alle ganz still. Ich bat sie, sich keine Sorgen zu machen und erklärte ihnen meinen Plan. Jetzt waren sie noch stiller und blass obendrein. Zu unserem Glück beschloss Gott in diesem Augenblick offenbar, dass diese ganze Angelegenheit so himmelschreiend unfair war, dass sie eine göttliche Intervention rechtfertigte. Das Flugzeug schlingerte plötzlich und fiel dann in ein Luftloch. Gläser fielen von den Tischen und einige Gepäckfächer öffneten sich. Der Pilot forderte uns auf, auf unseren Plätzen zu bleiben, während er versuchte, durch diese unerwartet heftige Hurrikanturbulenz hindurchzufliegen. Wir wurden alle gründlich durchgeschüttelt auf unseren Sitzen.

Nach vielleicht 15 Minuten gab es eine Durchsage, dass wir nach Antigua umgeleitet würden, weil der Hurrikan seine Richtung änderte. Und wunderbarerweise stellte sich heraus, dass der Pilot in dem ganzen Durcheinander und den Versuchen, um den Hurrikan herumzufliegen, offenbar vergessen hatte, die Polizei am Flughafen von Antigua zu verständigen.

Als wir landeten, war weit und breit kein Polizist zu sehen. Ich sah meinen Gaststar, der ein Stück vor uns seelenruhig durch den Flughafen spazierte und hier und da ein paar Autogramme gab. Wir schnappten ihn, packten ihn in ein Taxi und fuhren, so schnell es ging, in Richtung Freiheit.

Ich sah keinen Grund, ihn zu beunruhigen und einen traumhaften Trip zu ruinieren, also erzählten wir ihm nichts. Ich fragte ihn, wie sein Flug gewesen war, und er sagte wunderbar, abgesehen von ein paar betrunkenen Schwachköpfen, und wir brausten los zu unserer Jacht. Die Filmaufnahmen wurden übrigens ein voller Erfolg.

Die Moral dieser Geschichte? Bleiben Sie auf einem Flug immer nüchtern. Man kann sich nicht auf das Eingreifen höherer Mächte verlassen, um aus einem Schlamassel herauszukommen, also bleiben Sie auf der Höhe und greifen Sie wenn nötig selbst ein. Dazu müssen Sie nüchtern bleiben, sodass Sie potenziellen Ärger erkennen und ihm aus dem Weg gehen können.

Ich selbst trank natürlich während des gesamten Fluges nichts Nennenswertes, aber Sie können mir glauben: In dem Moment, als wir unseren Fuß auf die Jacht setzten, feierten wir mit großen Rum-Daiquiris für alle.

## *Ein Rum-Daiquiri, der perfekt ist, wenn man gerade einer Verhaftung entgangen ist*

5 cl weißer alter Rum
(ich glaube, Sie haben einen Doppelten verdient)
1,5 cl Bio-Agavensirup
Saft einer frisch gepressten Limette

Über Eis schütteln, kurz den Horizont nach Polizisten absuchen und dann servieren.

*«Ich fliege nicht gern, weil ich Angst habe,
gegen einen hohen Berg zu fliegen. Ich glaube nicht,
dass Reisetabletten dagegen helfen.»*

Lieutenant Daniel Kaffee in dem Film *Eine Frage der Ehre*

*«Das sehe ich anders. Wenn mein Mitreisender
sich als wenig anregender Gesprächspartner erweist, ist
mein Rezept ein großer Tequila oder Whisky
und eine Reisetablette und danach ein süßer Schlummer
bis zur Landung.»*

Cleo Rocos

*«In Amerika gibt es zwei Buchungsklassen –
Erste Klasse und mit Kindern.»*

Robert Benchley

Das gilt auch für alle anderen Länder ... Ein dreifaches Hoch auf alle Fluglinien, die Kinder aus ihren Erste-Klasse-Kabinen verbannt haben. Wenn Sie auf einem Flug feststellen, dass man Sie neben ein Kind gesetzt hat und Sie nichts daran ändern können, genehmigen Sie sich einen großen Drink und die oben erwähnte Reisetablette.

In Ordnung, sind wir alle sicher gelandet? Wie wäre es aus gegebenem Anlass mit etwas Schokolade?

## *Lektion zwölf a*

# Schokolade ohne Reue

*«All you need is love. Aber ein bisschen Schokolade
ab und zu schadet auch nicht.»*

Charles M. Schulz

*«Nun, das stimmt nicht ganz. Es hat wenig Sinn,
stilvoll trinken ohne Reue zu praktizieren
und sich dann einen Schokoladenkater einzuhandeln.
Ich zeige Ihnen echte Schokolade, die
exquisit schmeckt und Ihnen kein bisschen schadet.»*

Cleo Rocos

Der gepflegte Rausch sollte immer von gutem Essen begleitet sein, das die Alkoholaufnahme verlangsamt. Aber achten Sie darauf, dass Sie nicht alles wieder zunichtemachen, wenn der Nachtisch aufgetragen wird. Ich zucke jedes Mal zusammen, wenn bei einer Cocktailparty Tabletts mit billigen, zuckerlastigen Desserts hereingebracht werden. Was bringt es, mit größter Sorgfalt zuckerfreie Drinks zu mixen und dann einen Pudding zu servieren, der Ihre Gäste in ein hässliches Sacharinhoch taumeln lässt?

Mein Vorschlag ist, als Dessert eine einfache Schokolade zu servieren, die allerdings von höchster Qualität und genau auf die angebotenen Getränke abgestimmt ist. Das Verbinden von Drinks und Schokolade ist eine faszinierende Methode, die Geschmacksnerven anzuregen.

Doch genauso wie beim Alkohol ist es auch in der Welt der Schokolade wichtig, dass man die Guten und die Bösen auseinanderhalten kann. Deswegen gibt es jetzt eine Lektion über echten Kakao und was man kaufen soll. Und ganz besonders darüber, wie man die ultimative Geschmacksromanze zwischen einem Bissen Schokolade und einem Drink herbeiführen kann.

Manche Schokoladensorten sind süß, manche bitter, einige schmecken kräftig und andere eher zart. Der Trick besteht darin, sie mit dem Drink zu verbinden, der genau ihren Charakter ergänzt und in eine perfekte Romanze mündet. Das hat nichts mit Kosten zu tun, es geht allein um die spezielle Kakaobohne, aus der die Schokolade hergestellt wurde, und die Zutaten, die für Ihren Drink verwendet wurden, denn nur so kann man sicherstellen, dass Sie kein Übermaß an Süße oder Säure bekommen.

Wir wollen ein Geschmackserlebnis, das mehrere Lagen von schokoladigem und alkoholischem Genuss kombiniert, und keine Verbindung, die Ihnen stumpfe Zähne verursacht, sodass Sie das Gefühl bekommen, Sie hätten an einem Wellblechzaun geknabbert.

*Betrachten Sie mich als eine Partnervermittlung für Ihren Mund.*

**FAQ:** Und wie wähle ich nun eine Schokolade aus?

Meine Mutter, die Mitte 80 ist, sagt, wenn es um Schokolade geht, immer: Wer einmal schwarze probiert hat, will nichts anderes mehr.

Reine dunkle Schokolade liefert tatsächlich die beste Kombination mit Alkohol. Wenn Sie das Zuckerhoch vermeiden wollen, dann gehen Sie Milchschokolade aus dem Weg, meiden Sie auch unbedingt weiße Schokolade und kaufen Sie nur Tafeln der reinsten dunklen Schokolade, die Sie bekommen können.

Was die Auswahl angeht, ist der beste Rat, sich nicht an *Marken* zu orientieren, sondern sich die *Zutatenliste* auf der Verpackung anzuschauen. Lesen Sie, was drinsteckt, und beurteilen Sie die Qualität danach.

Wenn eine der folgenden Zutaten aufgelistet ist, dann ist es *schlechte Schokolade*. Egal wie verführerisch das Etikett etwas von «belgisch» oder «Luxus» säuselt – legen Sie sie wieder ins Regal und gehen Sie weiter:

**NEIN:**
Pflanzenfett oder gehärtetes Palmöl
«Aromastoffe» ohne Angabe, um welche es sich handelt
Zucker – wenn er als erste (d. h. Haupt-)Zutat aufgeführt ist
Glukosesirup
Vanillin – (achten Sie auf das «in» – Vanilleextrakt dagegen ist gut)
Vanille-«Essenz» oder -«Aroma» – noch einmal: Extrakt ist das Wort, das zählt
Milch

Hier sind ein paar der Anhaltspunkte dafür, dass die Tafel, die man in der Hand hält, von guter Qualität ist.

**JA:**
    **Kakaobohnen** als **ERSTE** der aufgeführten Zutaten. Kann auch als «Kakaomasse» angegeben sein. Wenn es die Hauptzutat ist, dann ist es eine gute Schokolade. Sie können sich den kleinen Schlingel schnappen und vergnügt zur Kasse stolzieren.
    **Zucker.** Es ist kein Problem, wenn Zucker enthalten ist, solange er nicht der HAUPT-Bestandteil ist. Man kann davon ausgehen, dass bei teureren Schokoladensorten der Zucker von besserer Qualität ist.
    **Kakaobutter** – ist ein natürliches Fett und vollkommen in Ordnung.
    **Vanilleextrakt**
    **Sonnenblumen- oder Sojalecithin** – auch diese sind vollkommen in Ordnung, es sind natürliche Stabilisatoren. Sie können sich getrost auf den Weg zur Kasse machen.

**FAQ:** Dann muss ich wohl ein Vermögen ausgeben, oder wie?

Nein – oft sind die besten Schokoladen, die man im normalen Einzelhandel bekommen kann, die Eigenmarken der Supermärkte. Aber nehmen Sie die Premiumsorten, nicht die Billig-Eigenmarken. Diese sind ebenso gut und oft sogar besser als die Tafeln bekannter Marken.

## *Geschmacksrendezvous*

So, wollen wir uns einen Drink genehmigen? Ich nenne zuerst die verschiedenen Gruppen von Spirituosen und schlage dann einen passenden Partner vor.

## Süßer Whisky / Brandy / Armagnac / Chambord / süßer Dessertwein

*Idealer Partner für ein Geschmacksrendezvous:*
*Schokolade aus Madagaskar (am besten mit ungefähr 64 Prozent Kakaoanteil)*

Schokolade aus Madagaskar schmeckt fruchtig und sauer. Die Säure löst Wasserfälle in Ihrem Mund aus, weil die Zunge wässrig wird, sobald Sie beginnen, an der Schokolade zu knabbern.

Dazu braucht man etwas mit einem runden und vollen Geschmack, weshalb ein süßer Whisky, ein Bourbon oder ein wärmender Armagnac die perfekte Wahl ist. Der süße Chambord-Likör passt ebenfalls ausgezeichnet, weil das süße Himbeeraroma sich gut mit der Säure verbindet.

Was man unbedingt vermeiden sollte, ist ein Getränk, das so säuerlich ist wie Paul O'Gradys berühmte Dragqueen Lily Savage. Kombinieren Sie diese Schokolade mit etwas Saurem wie Limoncello oder Wodka mit Mandarinengeschmack, und Sie werden sich fühlen, als hätten Sie Löschpapier im Mund. Das Geschmackserlebnis ist ähnlich angenehm wie der Versuch, Sägemehl zu kauen.

Diese Schokolade passt nur zu sehr wenigen Weinen, allenfalls vielleicht einem Dessertwein mit Honignote.

## Martini / Blanco Tequila

*Idealer Partner für ein Geschmacksrendezvous:*
*Dunkle Schokolade aus Ecuador (ich würde etwas mit etwa 70 Prozent Kakaoanteil nehmen)*

Geschmacklich ein Tarzan, mit einer pulsierenden botanischen und floralen Note direkt aus dem Dschungel. Für sich kann sie ein wenig an das Kauen an einem ledrigen Lendenschurz erinnern, weil sie die Zunge so stark austrocknet. Kombiniert man sie allerdings mit einem knackigen

Martini oder frischem Tequila, wird das Trockene gemildert, und es entsteht eine geradezu unanständig verführerische Geschmackskombination, die Ihrem Mund weiche Knie beschert. Diese Drinks sind die Jane für Ihren Geschmackstarzan, und als Paar sind die beiden eine Wucht. Sagen Sie's Ihren Freunden weiter.

### Grappa / Obstbrände/Reposado Tequila / stärkerer Whisky oder Brandy

*Idealer Partner für ein Geschmacksrendezvous:*
*100-prozentige dunkle Schokolade aus Ecuador*

Probieren Sie einmal eine solche zuckerfreie Dynamitstange von einer Schokolade. Man findet die 100-prozentigen Kakaoriegel in Spezialgeschäften – und die Suche lohnt sich. Der reine Kakao schmeckt extrem trocken, fast alkoholisch im Mund, doch gepaart mit einer passenden Spirituose entfaltet er sich wunderbar auf Ihren Geschmacksknospen. Es ist, als würde man den ersten Tag einer neuen Romanze essen.

Nehmen Sie reine Spirituosen, keine Cocktails. Ein Whisky oder ein Brandy passt ausgezeichnet. Kombinieren Sie es nicht mit etwas mit zartem Geschmack, dieser wird gnadenlos überrollt werden.

Der Vorteil ist, dass Sie und Ihre Gäste bereits nach einem Stück gesättigt sein werden, also schenken Sie sich das Dessert und geben Sie einfach jedem ein Stück Schokolade mit einem Digestif. Das ist ein schicker und herrlicher zuckerfreier Nachtisch. Es ist natürlich klug, immer noch ein wenig in Reserve zu haben, weil es eine so hinreißende Erfahrung ist.

Meine Mutter ist seit ein paar Monaten ganz wild auf die reine dunkle Schokolade. Sie hat drei Kilo abgenommen und war noch nie so vergnügt.

### Sherry / Portwein / dunkler, runder Whisky

*Idealer Partner für ein Geschmacksrendezvous:*
*Dunkle Schokolade aus Venezuela*

Dunkle Schokolade aus Venezuela hat ein zartes, süßliches Aroma von getoastetem Brot. (Schauen Sie nach einer Sorte mit um die 72 Prozent.)

Kaufen Sie diese Schokolade, wenn Sie vorhaben, sie mit etwas wirklich Robustem zu servieren: kräftiger Sherry wie ein Oloroso, ein Port mit einem anständigen linken Haken oder ein dunkler, runder Whisky.

### Crème de Menthe

*Idealer Partner für ein Geschmacksrendezvous:*
*Dunkle Pfefferminzschokolade*

Prinz Charles mag diesen Drink. Ich persönlich würde eher auf Distanz bleiben, weil ich Dinge, die aussehen, als könnten sie ansteckend sein, niemals anrühre. Aber wenn Sie absolut darauf bestehen, ihn zu trinken, kombinieren Sie ihn mit einer dunklen Pfefferminzschokolade von hoher Qualität.

### Rum

*Idealer Partner für ein Geschmacksrendezvous:*
*Milchschokolade*

Die einzige Gelegenheit, bei der ich Milchschokolade empfehle, ist zusammen mit Rum. Allerdings muss man schon Glück haben, um eine vernünftige Milchschokolade zu finden, denn die meisten Sorten sind einfach nur süßes milchiges Fett, das eher aussieht wie das Ergebnis einer Fettabsaugung. Essen Sie sie in Maßen, um Schokoladenkater und Schokoladenausbuchtungen zu vermeiden.

### Wein
*Idealer Partner für ein Geschmacksrendezvous:*
*Käse*

Ja, Käse. Mit Ausnahme der oben erwähnten süßen Dessertweine würde ich Wein nicht mit Schokolade kombinieren. Die Kakaobohnen vertragen sich einfach nicht mit den Trauben. Es ist, als hätte man Katie Price und Peter André im Mund, und wie bei diesen bleibt ein unangenehmer Nachgeschmack zurück.

---

Einer der besten Meister-Chocolatiers ist Paul A. Young, dessen Produkte ausnahmslos im eigenen Haus aus den besten natürlichen Zutaten des Planeten handgefertigt werden. All seine Rohstoffe werden mit größter Sorgfalt ausgewählt, und er produziert die unglaublichsten Schokoladenkreationen für höchste Ansprüche. Seine Qualität und Perfektion sind über jeden Zweifel erhaben. Weil ich gute Schokolade liebe, habe ich immer einen Vorrat zu Hause, und diese Schokolade war jedes Mal, wenn ich sie bei einem Essen kredenzte, ein Triumph.

Sie können alle der hier erwähnten Schokoladen und viele mehr unter www.paulayoung.co.uk bei ihm bestellen. Er hat ein enzyklopädisches Wissen, was Schokolade angeht – wenn Sie also eine Party planen und ihn direkt fragen möchten, was Sie servieren sollten, tweeten Sie ihm @paul_a_young, er gibt 365 Tage im Jahr Schokoladentipps.

Paul hat dankenswerterweise einen spektakulär schmackhaften Stilvoll-trinken-Schokoladen-Martini kreiert, den wir alle genießen können. Während ich dies schreibe, reift eine angesetzte Flasche in meinem Kühlschrank, und ich kann bestätigen, dass er köstlich ist.

### *Schokoladen-Martini*

1-Liter-Flasche Premium-Wodka
200 Gramm Kakaonibs
(geröstete und gebrochene Kakaobohnen, die bei Schokoladenspezialisten gekauft werden können)
1 Flasche Cream Soda
Eis

Mit einem Trichter die Kakaonibs in die zu zwei Dritteln gefüllte Wodkaflasche füllen. Gut schütteln. Einen Monat lang einfach einmal am Tag schütteln, um das Einziehen zu unterstützen, und danach noch eine Woche ruhen lassen. Sobald er fertig ist, nehmen Sie ein großes Glas voll Eis, gießen aus der Flasche langsam die gewünschte Menge ein und füllen mit Cream Soda bis obenhin auf.

> *«Was Sie vor sich sehen, mein Freund,*
> *ist das Ergebnis eines Lebens voller Schokolade.»*
> Katharine Hepburn

# Präha

*«Ein Kater ist der Zorn der Früchte.»*
Sprichwort

*«Ich habe doch gesagt: Finger weg von der Bowle.»*
Cleo Rocos

**FAQ:** Kann es sein, dass ich es mit dem Trinken übertreibe?
Machen wir ein Quiz und finden es heraus.

**Welche der folgenden Aussagen treffen auf Sie zu?**
- ☐ Sie haben überall im Haus extra langflorige Teppiche liegen, weil man sich an ihnen leichter festhalten kann, wenn man auf dem Boden liegt.
- ☐ Auf der Farbenskala für Wandfarben entsprechen Ihre Augen am ehesten dem Farbton «Sonnenuntergang».
- ☐ In Ihrer Spülmaschine liegt das Verhältnis von Gläsern und Tellern bei etwa zehn zu eins.

☐ Sie lügen Ihrer Putzfrau vor, gestern Abend seien «Freunde zu Besuch» gewesen.
☐ Wenn Sie Ihren Mülleimer schütteln, ist das vorherrschende Geräusch ein Klirren.
☐ Obdachlose und Penner betteln Sie auf der Straße nicht an, sondern nicken Ihnen vertraulich zu und schlurfen zur Seite, um Ihnen Platz zu machen.
☐ Als Sie heute Morgen aufwachten, hing ein Tropf an Ihrem Arm.
☐ Als Sie heute Morgen aufwachten, hing ein Polizist an Ihrem Arm.
☐ Sie können sich nicht erinnern, der Person, mit der Sie das Bett teilen, vorgestellt worden zu sein.
☐ Die Kassiererin im Supermarkt schenkt Ihnen ein Lächeln und wünscht Ihnen «eine gelungene Party», wenn Sie in Wirklichkeit nur einen ruhigen Abend vor dem Fernseher planen.
☐ Die ersten Szenen des Films *Leaving Las Vegas* kommen Ihnen ziemlich bekannt vor.
☐ Ihr letzter Fototermin war eine erkennungsdienstliche Aufnahme bei der Polizei.
☐ Sie haben vor, sich beim Verlag dieses Buches wegen des verschwommenen Druckbilds zu beschweren.

Hören Sie zu: Was halten Sie von der Idee, einfach mal einen Monat lang die Finger vom Alkohol zu lassen? Soweit ich mitbekommen habe, ist der Aufenthalt in einer Reha-Klinik alles andere als ein Spaß. Wobei es durchaus auch lustige Momente geben kann. Ziemlich viele Hollywood-Stars werden dort vorstellig und beichten alle möglichen ungehörigen Eskapaden. Die aus dem Film *Frühstück bei Tiffany* bekannte Schauspielerin Patricia Neal erzählte mir einmal, wie sie in eine Klinik kam und direkt zu einem Treffen der Anonymen Alkoholiker ging, wo sie ein Familienmitglied unterstützen wollte. Sie gehörte nicht zu den Leuten, die sich ein aufmerksames Publikum entgehen lassen, also stand sie mit großer Geste auf, hob die Hand und sagte: «Mein Name ist Patricia Neal, und die Leute sagen, ich sei Alkoholikerin ... Aber das bin ich NICHT.» Sie hatte immer den Schalk im Nacken. Man muss wohl nicht hinzufügen, dass die Gruppe begeistert war, eine Hollywood-Legende kennenzulernen, und es ein sehr vergnügliches Meeting wurde.

Doch man hat nicht immer das Glück, dass ein Promi zu Besuch kommt, um die Atmosphäre aufzulockern, darum will ich Ihnen lieber mein *Präha-Programm* vorstellen, damit Sie nicht in der Reha landen. Lassen Sie es langsam angehen, bevor Sie das Stadium erreichen, in dem Ihnen das Ganze entgleitet und es kein Zurück mehr gibt.

Es ist nichts Schlimmes dabei, Partys zu feiern. Es ist nichts Schlimmes dabei, auszugehen und Spaß zu haben. Doch in diesem Buch geht es um Trinken ohne Reue – und um ohne Reue zu trinken, sollte man jede Woche zwei oder drei Tage ohne Alkohol einlegen, die der Leber die Gelegenheit geben, sich zu regenerieren und gesund zu bleiben. Wenn Sie Schwierigkeiten haben, sich an Ihren letzten alkoholfreien Tag zu erinnern, könnte es an der Zeit sein, ein wenig kürzerzutreten. Nur ein wenig. Vielleicht einen Monat lang? Es ist ganz leicht. Gönnen Sie sich einfach eine Pause. Eine Weile aufzuhören hat den schönen Nebeneffekt, dass der erste Schluck nach der Pause seine volle Wirkung entfaltet und voller Entzücken auf den Geschmacksknospen herumtanzt. Um das Trinken zu genießen, muss man manchmal mit dem Trinken aufhören.

Wie mein wundervoller Freund, der Fernseharzt und Medizinexperte aus der Sendung *This Morning*, Dr. Chris

Steele, sagt: «Wenn Sie jeden Tag trinken und Ihr Konsum zunimmt, dann steigt Ihre Alkoholtoleranz, mit der Folge, dass Sie mehr Alkohol brauchen, um den gleichen Effekt zu erzielen – und das ist eine Entwicklung, die gefährlich werden kann.»

Ein paar alkoholfreie Tage jede Woche helfen, die Uhr wieder auf null zu stellen: «Ihre Leber ist das Organ, das den Alkohol abbaut, und sie hat eine bemerkenswerte Fähigkeit, sich zu regenerieren und zu reparieren – und aus diesem Grund sind die Tage ohne Alkohol wichtig.»

Das gelegentliche Anziehen der Bremsen verhindert, dass Trinken von einem Vergnügen zu einer Abhängigkeit wird. Solche alkoholfreien Tage sind also enorm wichtig, trotzdem sollten sie natürlich auf elegante Weise genossen werden. Es besteht kein Grund, das Feiern sein zu lassen, nur weil die Alkoholzufuhr eingeschränkt ist.

**FAQ:** Wenn man nichts trinkt, wird man sofort zum Gesprächsthema. Jeder nimmt an, dass man krank oder schwanger oder verrückt geworden ist. Wie kann ich zu einer Party gehen, nichts trinken, ohne dass es jemand mitbekommt, und trotzdem meinen Spaß haben?

> *«Wasser, in Maßen genossen,*
> *hat noch niemandem geschadet.»*
> Mark Twain

Das Problem bei einigen Veranstaltungen ist, dass es fast als eine Beleidigung des Gastgebers wahrgenommen wird, wenn jemand keinen Alkohol trinkt. Laufen Sie dort mit einem Orangensaft oder Wasser in der Hand herum, und Sie werden wahrscheinlich eine Menge Fragen beantworten müssen. Ein guter Trick, von dem ich weiß, dass viele

Geschäftsleute und Menschen im Hotel- und Gastgewerbe ihn einsetzen, wenn sie einen Abend ohne Alkohol einlegen müssen, ist, zu schummeln und meinen »Pink Gin« zu trinken – der kein echter Pink Gin ist, aber genauso aussieht und auf magische Weise den gleichen Kick gibt. Nun ja, vielleicht nicht ganz, eher einen freundlichen Stups. Wie auch immer, er wird Sie jedenfalls sicher nicht zum Schwanken bringen. Ich verdanke dieses clevere kleine Rezept David Morgan-Hewitt, dem stets makellos eleganten, geistreichen und rundum wundervollen Geschäftsführer des Goring Hotel in London, der zum Beispiel den Empfang für Kate Middleton am Abend vor ihrer Hochzeit ausrichtete.

Dieser Drink sieht aus und schmeckt wie ein erfrischender Cocktail, aber man bleibt trotzdem stocknüchtern.

### *Falscher Pink Gin*

1 kleine Flasche Tonic Water (eine leckere Sorte wie etwa
Fever Tree für den richtigen Geschmack)
3 Tropfen Angosturabitter
1 Scheibe frische Limette oder Zitrone

Dieser Drink enthält eine winzige Menge Alkohol, weil es sich bei dem Angosturabitter um eine Tinktur handelt, aber es ist nicht mehr als die Ahnung eines Tropfens. Ich lasse den Barkeeper am Anfang des Abends diskret wissen, dass es das ist, was ich trinken möchte, und dass er jedes Mal, wenn jemand «Cleos Pink Gin» bei ihm bestellt, genau dieses Rezept mixen soll. Auf diese Weise kann ich die Partysaison absolut genießen und jeden Abend ausgehen und trotzdem einige Tage in der Woche abstinent leben.

Machen Sie bei Dinnerpartys einen großen Krug davon. Frieren Sie ein paar Himbeeren ein und geben Sie sie dazu. Servieren Sie dieses Getränk den Fahrern und Abstinenzlern, und sie werden sich nicht ausgeschlossen fühlen. Ich habe die Erfahrung gemacht, dass auch viele der übrigen Gäste nur halb so viel Wein trinken wie sonst, wenn ich beim Dinner einen Krug davon auf den Tisch stelle, und ich oft nach dem Rezept für dieses Getränk gefragt werde, weil meine Gäste es lecker finden und zwischen Wein- und Champagnerrunden immer wieder ein Glas davon trinken.

Wenn Sie also eine Zeitlang abstinent bleiben wollen, besteht dennoch kein Grund, auf Spaß und ausgelassenes Feiern zu verzichten.

George W. Bush gab nach einem besonders heftigen Geburtstagswochenende den Alkohol auf. Hier ist ein Rezept ohne Alkohol, das der Konditor des Weißen Hauses kreiert hat:

### *West Wing Mocktail*

1 Liter stilles Mineralwasser
2 Stängel Zitronenverbene
5 frische Minzblätter
3 Teelöffel Honig

Mineralwasser zum Kochen bringen, vom Feuer nehmen und Zitronenverbene, Minze und Honig zufügen. Zehn Minuten ziehen lassen, dann abseihen. Kühlen und auf Eis servieren.

## *Ein legendärer Abend ohne harte Sachen*

Ich erlebte einige absolut wundervolle Abende in Elizabeth Taylors Haus in Bel Air in West Los Angeles. Sie lud oft ihre Hollywood-Freunde zum Dinner ein und servierte ihnen köstliches Essen und Champagner. Am meisten liebte ich die kleinen Silberzwiebeln und Kartoffeln mit Sauerrahm.

Elizabeth selbst trank nie etwas anderes als Wasser. Sie hatte seit Jahren keinen Alkohol getrunken. Doch ihre Abstinenz hinderte sie absolut nicht daran, Leute einzuladen und wundervolle Partys zu feiern. Sie war ein leuchtendes Beispiel dafür, dass Spaß und Feiern nicht aufhören müssen, auch wenn man beschließt, eine Zeitlang nichts zu trinken. Verkriechen Sie sich nicht, feiern Sie weiter.

Ich erinnere mich an viele wundervolle Abende. Bei einigen davon stand ihr hinreißender und vollkommen verrückter Papagei Marvin im Mittelpunkt. Eines Abends kam ich an und fand Elizabeth in der Küche, wo sie Marvin in der Spüle badete. Zwischen ihrem Gegacker und seinem Gezeter erklärte sie mir, Marvin habe «über seine Therapeutin» den Wunsch geäußert, dass sie ihn von nun an baden sollte.

Hier drücke ich kurz die Pausentaste, weil dieser Satz vielleicht einer kurzen Erklärung bedarf. Marvin hatte zu dieser Zeit «Probleme», er benahm sich nicht normal und schien irgendwie unglücklich zu sein. Er war einfach nicht mehr der vergnügte Papagei, der er immer gewesen war, und Elizabeth, die eine große Tierfreundin war, hatte das bemerkt. Also brachte sie ihn zu einer Therapeutin für Haustiere. Marvin zeterte ein bisschen und sah ganz allgemein ziemlich mitgenommen aus, als die Therapeutin ihn befragte. Dann erklärte die Therapeutin, er habe «auf Papageiisch» mit ihr gesprochen und sie kenne nun seine Probleme. Sie verkündete, Marvin sei «nicht glücklich darüber, wie die Dinge in letzter Zeit laufen», und er sei nicht besonders zufrieden mit «dem neuen Hausmädchen». Das Einzige, was seinem Papageienleben eine Wende zum Besseren geben könnte, wäre ein schönes Bad in der Spüle. Außerdem versicherte die Haustier-Therapeutin, während Elizabeth aufmerksam zuhörte: «Marvin hat mich gebeten, Ihnen zu sagen, dass Sie das Baden übernehmen sollen.»

Also bekam Marvin seine Bäder. Elizabeth kicherte vergnügt wie eine böse Hexe und versicherte, Marvin «liebt seine Bäder», und Marvin imitierte sie mit dem gleichen Hexenkichern.

Es waren einige meiner besten und entspanntesten Dinnerpartys. Und Elizabeth war eine großzügige und stilsichere Gastgeberin.

---

Wenn Sie also dem Fusel temporär abgeschworen haben, ist das kein Grund, ein Trauerkloß zu sein. Machen Sie einfach weiter und schwimmen Sie mit dem Strom. Man muss keine großen Mengen Alkohol konsumieren, um sich zu amüsieren, auch eine angenehme Gesellschaft kann berauschen. Gackern Sie wie Marvin, schlagen Sie ein wenig mit den Flügeln und feiern Sie weiter.

Wenn Sie nichtalkoholische Drinks zubereiten, können Sie das Ganze herrlich dekadent und glamourös aussehen lassen, indem Sie schöne Eiswürfel hineingeben. Hier sind ein paar Rezeptideen:

### *In Eis schwebende Blumen*

Essbare Blüten können einem wundervoll aussehenden Drink den letzten Schliff geben, gerade wenn es ein alkoholfreier Cocktail für die Nichttrinker ist.

Arbeiten Sie in Schichten. Füllen Sie zuerst jedes Fach Ihres Eiswürfelbehälters zu einem Viertel mit Mineralwasser. Dann jeweils eine Blüte mit der Öffnung nach unten einlegen und einfrieren. Schließlich bis zum Rand auffüllen und nochmals einfrieren.

### *Roseneis*

Wie oben, aber mit gewaschenen Rosenblättern.

### *Gefrorenes Obst*

Eine schnelle Alternative ist, kleine Früchte wie Himbeeren oder Weintrauben ins Gefrierfach zu legen und diese als Eiswürfel zu benutzen. Das passt zum Beispiel großartig zum falschen Pink Gin.

# *Digestif*

## *Trinkgeld geben ohne Reue*

**FAQ:** Wie viel Trinkgeld sollte man geben?

Die Trinkgeldgepflogenheiten sind überall auf der Welt unterschiedlich. Hier ist ein praktischer Ratgeber zum Ausschneiden und Aufheben. Er kann Sie vor unangenehmen Missverständnissen bewahren, wenn Sie im Ausland trinken.

*Amsterdam* Es wird kein Trinkgeld erwartet. Allerdings wird gern gesehen, wenn Sie aufrunden oder ein paar kleine Münzen auf dem Tisch liegen lassen. Es gibt so viele Gäste, die exotische Zigaretten rauchen, dass nicht sicher ist, wie viele daran denken.

*Argentinien* Don't pay for me, Argentina. Aber Sie sollten es tun. Wenn nicht direkt ein Bedienungszuschlag erhoben wird, gelten 10 Prozent Trinkgeld als höflich.

*Australien* In den gehobenen Restaurants kann man bis zu 10 Prozent geben, wenn der Service erstklassig war, aber im Allgemeinen muss man kein Trinkgeld geben.

*Barbados* Normalerweise wird im Restaurant eine Servicepauschale aufgeschlagen; wenn nicht, sollten Sie 10 bis 15 Prozent geben. Wenn Sie in einer Bar sind und der barbadische Rum Ihrer trübsinnigen Stimmung ein Ende gemacht hat, geben Sie dem Barkeeper ungefähr einen Dollar pro Runde.

*China* Trinkgeld ist nicht üblich. Genauer gesagt, es gilt als unhöflich – was praktisch ist, wenn man auf seiner Kneipentour feststellt, dass das Reisebudget ein wenig knapp ist.

*Deutschland* Das Trinkgeld sollte etwa 10 Prozent Ihrer Restaurant- oder Barrechnung betragen. Danke schön!

*Fidschi* Kein Trinkgeld. Gönnen Sie sich eine Extrarunde.

*Frankreich* Die Rechnung enthält meistens einen Bedienungszuschlag von 15 Prozent, und dieser ist in den Preisen auf der Speisekarte in der Regel schon enthalten. Diesen Aufschlag streicht das Restaurant ein, doch wenn Ihr Kellner wirklich exzellent war, können Sie ihm, sagen wir: 10 Prozent für die eigene Tasche zusätzlich geben.

*Griechenland* Wenn Sie die Bars frequentieren, um Mezze und Ouzo zu sich zu nehmen, knausern Sie nicht mit Ihren Euros – zwischen 10 und 15 Prozent werden erwartet. Man gibt sie in bar direkt an den Kellner.

*Großbritannien* Fragen Sie im Restaurant, ob die Bedienung in der Rechnung enthalten ist. Wenn das der Fall ist und Sie wollen für guten Service ein Trinkgeld obendrauf legen, dann tun Sie das. In Bars müssen Sie kein Trinkgeld geben.

*Italien* Wenn Ihr Italiener Sie feurig bedient, geben Sie ihm etwa 10 Prozent Trinkgeld.

*Japan* Das Land der aufgehenden Sonne ist nicht das Land der steigenden Rechnung. Hier müssen Sie kein Trinkgeld geben.

*Kanada* Wenn Sie Kanada trockengetrunken haben, sollten Sie zwischen 15 und 20 Prozent Trinkgeld geben. Bei größeren Gruppen kann es sein, dass die Rechnung bereits einen Serviceaufschlag enthält.

*Mexiko* Damit der Mann an der Bar die Margaritas mit einem Lächeln serviert, sollten Sie zwischen 10 und 15 Prozent Trinkgeld geben, vorzugsweise in Dollar, aber keine Münzen.

*Schweiz* Eine Servicepauschale ist im Preis bereits enthalten. Wenn die Bedienung exzellent war, kann man ein kleines Dankeschön aufschlagen, sagen wir 5 bis 10 Prozent.

*Spanien* Trinkgeld ist in Bars nicht nötig, aber in gehobenen Restaurants sind 10 Prozent ein guter Richtwert.

*Südafrika* Wenn Ihnen nach der Safari ein guter Daiquiri serviert wurde, dann empfiehlt es sich, zwischen 10 und 15 Prozent Trinkgeld zu geben. Wenn allerdings schon ein Bedienungszuschlag enthalten ist, ist kein Trinkgeld mehr nötig.

*Südkorea* Geben Sie den Kellnern kein Trinkgeld. Und zeigen Sie, solange Sie im Restaurant sind, auch nicht auf irgendwelche Hunde. Außer wenn Sie die Sprache wirklich gut sprechen und genau erklären können, was Sie mit «Doggybag» meinen.

*Türkei* Geben Sie 5 bis 10 Prozent Ihrer Bar- oder Restaurantrechnung als Trinkgeld. Aber Sie müssen das Trinkgeld in bar liegen lassen und nicht zur Rechnung hinzufügen, nehmen Sie also entsprechend zusätzliche Banknoten mit. Und hinterlassen Sie Scheine, denn ausländische Münzen können nicht in türkische Lira umgetauscht werden. Benutzen Sie keine türkischen Geldscheine, die älter sind als 2008, sie werden in den meisten Restaurants nicht mehr akzeptiert.

*USA* Ihr Trinkgeld ist der Lohn der Bedienung, darum mag diese es überhaupt nicht, wenn Sie kein Trinkgeld geben, und das wird man Ihnen auch zeigen. 15 Prozent sind normal in Bars und Restaurants. Für besonders guten Service in einem Restaurant dürfen es auch 20 Prozent sein.

## *So bekommen Sie im Ausland, was Sie wollen*

### Nützliche Phrasen

Was nützt es, zu Hause stilvoll zu trinken, wenn alles vergessen ist, sobald man einen Fuß außer Landes setzt? Darum sind hier ein paar hilfreiche Sätze, mit denen Sie rund um die Welt allen Situationen gewachsen sind.

In Englisch, Spanisch und Chinesisch (sowie chinesischer Aussprachehilfe, weil das Alphabet nicht ganz so einfach zu meistern ist).

*Bringen Sie mich zu einer Margarita. Da sind ein paar Euro für Sie drin.*

- (GB) Get me to a Margarita. And there's a guinea in it for you.
- (E) Póngame una margarita. Y le doy a usted un par de euros.
- (CN) 幫我拿杯margarita來,這裡有幾兩銀子給你!
  Bang wo na bei Margarita lai ... Zhe li you ji liang yin zi gei ni!

*Wo bekommt man hier einen anständigen Martini?*

- (GB) Where do I get a decent Martini round here?
- (E) ¿Dónde ponen un martini decente por aquí?
- (CN) 這兒哪裡有像樣的Martini?
  Zhe er na li you xiang yan de Martini?

*Machen Sie doch bitte die Bar für mich auf, guter Mann.*
- (GB) Open the bar, would you, my good man?
- (E) Vamos ... abra ya el bar, buen hombre.
- (CN) 開一下吧檯,掌櫃的!
  Kai yi xia ba tai, zhang gui de!

*Ich kann jetzt einen gebrauchen. Ich hab einen höllischen Tag hinter mir.*
- (GB) Barking for a large one, it's been a hell of a day.
- (E) Me muero por una grande. Vaya día que he tenido.
- (CN) 今天可累死我啦,給我一個超大杯的.
  Jin tian ke lei se wo la! Gei wo yi ge chao da bei de.

*Können Sie denn nicht schneller einschenken?*
- (GB) Can't you pour it any faster?
- (E) ¿No la puede servir más rápido?
- (CN) 可不可以倒快點?
  Ke bu ke yi dao kuai dian?

*Schenken Sie mal ruhig nach ...*
- (GB) Keep them coming ...
- (E) Venga, que no paren ...
- (CN) 今天不醉不歸 ... 酒繼續來 ...
  Jin tian bu zui bu gui ... Jiu ji xu lai ...

*Gibt es hier Zimmerservice rund um die Uhr?*
- (GB) Is it twenty-four-hour room service?
- (E) ¿Hay servicio de habitación las 24 horas?
- (CN) 這客房服務是二十四小時的嗎?
  Zhe ke fang fu wu shi er shi si xiao shi de ma?

*Der Barmann soll beim Mixen für uns aber Gas geben.*
- (GB) The barman will need to be at full throttle on his mixing ability for us.
- (E) El camarero tendrá que estar en plena forma e ir a todo gas para servirnos.
- (CN) 酒保調酒能力今天都要拿出來喔!
  Jiu bao tiao jiu neng li jin tian dou yao na chu lai o!

*Warum habe ich bloß gestern Abend von der Bowle getrunken? Geben Sie mir bitte eine Bloody Mary!*
- (GB) Why did I drink that punch last night? Could you fix me a Bloody Mary?
- (E) ¿Por qué bebería esa copa anoche? ¿Me pone un bloody mary por favor?
- (CN) 我昨天為什麼要那酒呢? 幫我弄一杯血腥瑪麗好嗎?
  Wo zuo tian wei shen me yao he jiu ne? Bang wo nong yi bei xie xing Ma Li hao ma?

*Bestellen Sie mir bitte ein Taxi, aber lassen Sie mir noch Zeit für zwei Margaritas.*
- (GB) I'd like you to order me a cab to arrive in two Margaritas' time, please.
- (E) Pídame un taxi y que me dé tiempo a dos margaritas.
- (CN) 我要你幫我叫一輛車來, 兩杯 margarita 以後到就差不多.
  Wo yao ni bang wo jiao yi liang che lai, liang bei margarita yi hou dao jiu cha bu duo.

*Jetzt ist mir alles egal, und ich bestelle noch einen.*
- (GB) I'll throw my last scruple to the wind and order another.
- (E) Ya me da igual y pido otra.
- (CN) 算了! 我豁出去了! 再給我一杯吧!
  Suan le! Wo huo chu qu le! Zai gei wo yi bei ba!

*Ich bin finanziell leider in einer etwas peinlichen Lage. Könnten Sie vielleicht die Barrechnung für mich begleichen?*

- 🇬🇧 I'm currently suffering somewhat of a financial embarrassment. Could you possibly see me clear for this bar bill?
- 🇪 He de confesarle que no tengo un duro ... ¿No me podría usted zanjar de la cuenta del bar por casualidad?
- 🇨🇳 我現在經濟上有困難，你可以把單免了嗎？
  Wo xian zai jing ji shang you kun nan. Ni ke yi ba dan mian le ma?

# Das Nachspiel

**FAQ:** Ich habe mich gestern Abend nicht an die Stilvoll-trinken-Regeln gehalten. Jetzt habe ich meine Lektion gelernt. Zu den Partys dieser Person werde ich nie wieder gehen. Jetzt frage ich mich allerdings: Gibt es etwas, irgendetwas, das mir helfen kann?

Hätten Sie die Regeln dieses Buches beachtet, dann wäre keine der folgenden Maßnahmen nötig. Doch für den Notfall habe ich für Sie das ideale Katerfrühstück zusammengestellt.

Wenn Sie im Moment gerade keine Nerven für den wissenschaftlichen Hintergrund haben, dann blättern Sie direkt weiter zu den Rezepten.

## Der wissenschaftliche Hintergrund

Der Grund für Ihren Kater ist, dass der Alkohol in Ihrem Körper von einem Enzym, das Alkoholdehydrogenase heißt, zu einem Zwischenprodukt namens Acetaldehyd abgebaut wird. Dr. David Bull erklärt: «Acetaldehyd ist für den Körper 10- bis 30-mal toxischer als Alkohol selbst.» Und das ist es, was Ihnen Ihre momentane Übelkeit beschert. Außerdem ist der Körper damit beschäftigt, diesen Stoff anschließend in Essigsäure umzuwandeln. Und Dr. Bull fügt hinzu: «Dieser Stoff hindert den Körper daran, Glukose zu produzieren, weshalb der Blutzuckerspiegel fällt.»

Wenn Sie obendrein auch noch meinen Rat ignoriert haben, Additive zu meiden, dann haben Sie sogar noch mehr Probleme, denn: «Alle Additive in den Drinks – wie Zucker oder andere chemische Verbindungen – produzieren Nebenprodukte wie Methanol. Das wird in eine ausgesprochen giftige Chemikalie namens Formaldehyd umgewandelt, die Ketoazidose auslöst. Das bedeutet, dass der Körper übersäuert.» Methanol ist auch ein Nebenprodukt von schlechten Destillationsverfahren. Wenn Sie also meinen Rat, die reinsten Spirituosen zu wählen, die Sie bekommen können, ignoriert haben, ist es das, was gerade in Ihnen abläuft.

Der Alkohol zieht auch die Nieren in Mitleidenschaft und vermindert ihre Fähigkeit, Wasser zu recyceln, was Dehydrierung zur Folge hat.

Doch keine Angst, Hilfe ist schon unterwegs. Lassen Sie uns mit Dr. Bulls Hilfe die Ursachen eine nach der anderen ins Auge fassen und schauen, was dagegen helfen kann.

**Dehydrierung:** Ihre Nieren haben gelitten, also sollten Sie dafür sorgen, rasch zu rehydrieren. Trinken Sie viel Flüssigkeit. Das alte Hausrezept, vor dem Zubettgehen ein Glas Wasser zu trinken, funktioniert wirklich, wenn Sie dazu noch in der Lage sind.

**Elektrolyte:** Von diesen haben Sie viele verloren. Sportgetränke, Dioralyte-Pulver oder Kokosnusswasser helfen.

**Eier:** Enthalten eine Chemikalie namens Cystein, die hilft, eine normale Funktion wiederherzustellen.

**Mariendistel:** Wirkt gegen Übelkeit und hilft, Leberzellen zu regenerieren. Noch wirksamer scheint sie zu sein, wenn sie mit Bestrahlung durch Sonnenlicht (das die Bildung von Vitamin D anregt) kombiniert wird, also nehmen Sie ein Päckchen mit in den Urlaub, das dürfte gute Wirkung zeigen.

**Bierhefe:** Diese enthält Vitamin B6, das die Heftigkeit eines Katers mildern kann. Eine Studie des Zentrums für Gesundheitswissenschaften an der Tulane University in New Orleans hat gezeigt, dass Vitamin B6 gegen einen Kater hilft, weil es die Leberfunktion unterstützt. Nehmen Sie also eine Extradosis vor und nach dem Trinken. Eine zu hohe Dosis kann allerdings toxisch sein, deswegen begrenzen Sie Ihre B6-Aufnahme auf 100 mg.

**Acetylcystein:** Ist erhältlich in Form von Kapseln oder als Pulver, das man in Flüssigkeit einnehmen kann. Es reduziert den Gehalt an toxischem Acetaldehyd. Wirkt am besten in Verbindung mit Vitamin B1.

**Ingwer:** Verringert die Übelkeit und die Magenverstimmung.

Etwas umstrittener ist:

**Alkohol:** Dieser blockiert die Produktion der toxischen Chemikalie Formaldehyd, weshalb viele Menschen auf ihr «Konterbier» am nächsten Morgen schwören.

Aber bitte nicht mehr als ein Glas. Wenn Sie nach der Flasche greifen, werden Sie den Absturz in die Katerhölle lediglich aufschieben.

## *Notfall-Bloody-Mary*
### *für alle, die sich alles andere als stilvoll fühlen*

2,5 cl Wodka
5 ml trockener Sherry
2 Spritzer Angosturabitter
5 cl Tomatensaft
1,5 cl Zitronensaft
4 Tropfen Tabasco
½ Shot Worcestershire Sauce
½ TL Meerrettichsauce
*Deko:* gemahlener Pfeffer und 1 Selleriestange.

Schütteln, abseihen und horizontal konsumieren.

**Noch kontroverser ist:**

**Cannabis:** Nur in manchen Ländern legal. Doch der Wirkstoff THC lindert die Übelkeit und die Kopfschmerzen. Außerdem fördert es den Appetit, was dem Absinken des Blutzuckerspiegels entgegenwirkt.

Andererseits lässt es Sie zu einem kichernden Kindskopf werden, was, wenn man sich nicht gerade in einem Amsterdamer Café befindet, eine riskante Option ist. Der Cocktailservice in englischen Gefängnissen ist, soweit ich gehört habe, nicht besonders.

Eine weitere rettende Maßnahme, die juristisch etwas weniger umstritten ist, kommt von Dr. John Emsley von der Royal Society of Chemistry. Er empfiehlt ein Schinkensandwich und Toast mit Honig.

Und hier ist der wissenschaftliche Hintergrund für dieses

Frühstück: «Sie können die Enzyme, die Alkohol und Acetaldehyd beseitigen, unterstützen, indem Sie Fruktose zuführen. Dieser einfache Zucker ist nicht direkt beteiligt, aber er produziert einen Stoff namens NAD (Abkürzung für Nicotinamidadenindinukleotid), den die Enzyme brauchen. Zu den Nahrungsmitteln, die viel Fruktose enthalten, gehören etwa Honig und Marmelade, also sollte ein Frühstück mit Toast und Honig helfen.

Wenn das Trinken dazu geführt hat, dass der Körper zu viel Wasser und mit ihm Salz verliert, dann sollte ein Schinkensandwich zum Frühstück helfen.»

Und das ist, wissenschaftlich gesehen, alles, was ich Ihnen in Ihrer Stunde der Not an Hilfe anbieten kann. Letztlich müssen Sie den Dingen ihren Lauf lassen. Ich schlage vor, legen Sie sich in einen abgedunkelten Raum, bis die Katersymptome verschwunden sind.

Schenken Sie Ihren Gastgebern von letzter Nacht ein Exemplar dieses Buches und bitten Sie sie, Ihnen beim nächsten Mal etwas Anständiges zu servieren. Wenn Sie den Regeln dieses Buches folgen, dann sollten Sie niemals, niemals wieder einen Blick in dieses Kapitel werfen müssen.

Vergnügtes Trinken!

*«Der Tod ein natürlicher Teil des Lebens ist.*
*Frohlocke und jauchze für diejenigen in deiner Nähe,*
*die zur Macht übergehen.»*
Yoda, Star Wars Episode III: Die Rache der Sith

*«Welch ein wundervoller Gedanke,*
*du weises kleines Kerlchen. Ich denke,*
*darauf kann man feierlich sein Glas erheben.»*
Cleo Rocos

Hat man die Prinzipien des stilvollen Trinkens ohne Reue erst einmal verinnerlicht, dann muss selbst die Tatsache, dass man nur noch im Geiste präsent ist, kein Hinderungsgrund mehr sein, sich zu amüsieren.

Billy Wilder erzählte mir einmal von einem geheimen Whisky-und-Poker-Club aus den glorreichen Tagen Hollywoods, den Stars wie Mae West, Douglas Fairbanks, Alan Ladd und einige andere frequentierten. Einmal die Woche trafen sie sich aus ihren jeweiligen Studios und tauschten die saftigsten Klatschgeschichten aus. Der amerikanische Komiker und Autor W. C. Fields, der bekanntermaßen dem Alkohol ziemlich zugetan war, gehörte zu den Gründungsmitgliedern der wöchentlichen Pokerrunde und war ein leuchtendes Vorbild für die Trinkgesellschaft. Als er 1946 starb, hielten ihm die Pokerspieler beim nächsten Treffen als Zeichen ihres Respekts einen Platz am Spieltisch frei, gossen ihm wie üblich einen Whisky ein und gaben Karten für ihn aus.

Einige Runden Poker und eine Flasche Whisky später wurde ihnen allen klar, wie sehr sie W. C. Fields vermissten – viel zu sehr, um ohne ihn weiterzumachen. Also brachen sie bei dem Bestattungsunternehmen ein, wo sein Leichnam für die Beerdigung am nächsten Tag vorbereitet wurde.

Sie hoben den Toten aus dem Sarg, schleppten ihn zu ihrem Pokerspiel, setzten ihn auf, drückten ihm einen Whisky in die Hand und spielten weiter, bevor sie völlig betrunken die Leiche schließlich wieder zurückbrachten.

Das ist die ultimative Hommage an einen Zechkumpan. Ich habe meine Freunde gebeten, das Gleiche für mich zu tun, wenn ich einmal sterbe. Das ist der Grund, warum ich niemals in beige gekleidet oder ohne Lippenstift aufzulegen, in die Öffentlichkeit gehe. Sollte ich unerwartet ums Leben kommen, will ich vorbereitet sein und blendend aussehen – für den Fall, dass noch irgendwo eine Cocktailparty stattfindet.

# Über die Autorin

*Cleo Rocos* ist die unverzichtbare Zutat einer jeden Party, die ein wenig Schwung haben soll. Sie hat lebenslange Erfahrung als Partyexpertin, wie eine Vielzahl von Bonvivants von Elizabeth Taylor und Prinzessin Diana bis Alan Carr und Gore Vidal bestätigen können. Außerdem ist sie Preisrichterin bei internationalen Spirituosenwettbewerben.

Als Teilnehmerin bei *Britain's Best Celebrity Chef* gewann sie im März 2009 die Herzen von Juroren und Publikum mit ihren mexikanischen Gerichten und Margaritas. Ihre Liebe zu Mexiko und ihrem Lieblingsdrink hat dazu geführt, dass sie vom Dachverband der Tequila-Industrie geehrt wurde. 2012 brachte sie mit AquaRiva ihre eigene Marke reinen Agave-Tequila auf den Markt, mit bekannten Lifestyle-Markenpartnern wie Virgin Atlantic, Waitrose und Sainsbury's. AquaRiva wurde in Mexiko von einem Top-Masterblender nach ihren exakten Vorgaben kreiert und hat bereits mehrere wichtige internationale Preise gewonnen, darunter «Best of the Best» beim weltgrößten Wettbewerb, ausgerichtet von tequila.net. Daneben hat sie auch ihren eigenen preisgekrönten AquaRiva-Bio-Agavensirup auf den Markt gebracht.

Cleos Leben war schon immer eine Art Party. Geboren wurde sie als Kind griechisch-englischer Eltern in Rio de Janeiro. Nach einem ersten Job als Profi-Skateboarderin nahm ihre Fernseh- und Comedykarriere Fahrt auf, als sie in den achtziger Jahren eine tragende Rolle in der *Kenny Everett Show* übernahm – der damals populärsten Comedyserie in Großbritannien. Sie lief acht Jahre lang und machte Everetts berüchtigten schrägen, anarchischen und frechen Humor unsterblich.

Nach frühen Auftritten in der Originalfernsehserie *Per Anhalter durch die Galaxis* und als Außenreporterin für *That's Life!* war sie in Großbritannien und den USA für eine Reihe von Fernsehsendern tätig, darunter BBC, ITV, Channel Four, Channel Five und NBC, wobei sie mit prominenten Namen wie Emma Thompson, Rhys Ifans, Roger Daltrey oder Leigh Francis zusammenarbeitete.

Cleos Soloshow in Los Angeles war ein Hit, mit ausverkauften Häusern und einem mit Stars gespickten Publikum. Eine Soloshow im Londoner Stadtteil Soho schloss sich an. Zusammen mit Marc Almond sang sie ein Live-Duett in der Londoner Royal Albert Hall. Ihre Autobiografie *Bananas Forever: Kenny Everett and Me* erschien 1998.

Sie produzierte *The Seven Year Itch* mit Darryl Hannah am Queen's Theatre im Londoner Westend und war Produzentin und Moderatorin der erfolgreichen Fernsehserie *Cleo Worldwide* auf Channel 5, mit Gästen wie Neil Morrissey, Denise van Outen, Terry Venables, Julian Clary, Tessa Dahl, Nicky Haslam und Lord Glenconner. Sie war Produktionsleiterin beim Filmprojekt *Sex, Actually* der Komikertruppe Comic Strip mit Rik Mayall und Sheridane Smith in den Hauptrollen, das auf Channel 4 lief.

2007 nahm Cleo zusammen mit Jermaine Jackson und Ken Russell an der Sendung *Celebrity Big Brother* auf Channel 4 teil. Außerdem präsentierte sie mehrere Reiseberichte für *This Morning* und war im Herbst 2011 bei *Celebrity Come Dine With Me* zu sehen.

Cleo Rocos lebt in London, der Partyhauptstadt der Welt.

# Danksagungen

Ein riesiges Dankeschön an meinen brillanten Agenten, den höchst talentierten, geistreichen und himmlisch eloquenten Gordon Wise. Einen weiteren gewaltigen Dank an die fabelhafte Rosemary Davidson und ihr bezauberndes und talentiertes Team. Worte reichen nicht aus, um zu beschreiben, welche Freude es ist, mit der wunderbaren Sharon Marshall zusammenzuarbeiten, die eine unglaublich talentierte und kreative Autorin ist. Ein großer Dank geht auch an alle Unterstützer und Experten, darunter Stuart Freeman, Kyri Sotiri, Ivan Dixon, Jake Burger, Dr. David Bull, Dr. Chris Steele, Drake and Morgan Group sowie Paul A. Young. Und an Virgin Atlantic, weil sie die Ersten waren, die AquaRiva-Margaritas ohne Kater serviert haben.

In alkoholischen Notfällen können Sie sich hier per E-Mail direkt an mich wenden: *cleo@POPD.co.uk* – oder folgen Sie *@cleorocos1* auf Twitter.

Das für dieses Buch verwendete FSC®-zertifizierte Papier
*Lux Cream* liefert Stora Enso, Finnland.